¿Cómo superar la frustración?

Una guía para identificar el origen de los obstáculos que te impiden lograr tus objetivos

ROSA ELENA ZAMORA ANTUÑANO

ISBN-9781723736698

DEDICADO A

Mis padres, hermanos, familiares y ancestros. Reconozco que he caminado en hombros de gigantes; sepan que cada paso que doy tiene el propósito de amarlos y bendecirlos.

ÍNDICE

PRÓLOGO

Conócete a ti mismo y realiza cambios internos para fortalecerte y lograr lo que te has propuesto, dicen las teorías de desarrollo de la consciencia. Pero seguramente te has preguntado: ¿Y cómo se hace eso?. Te anticipo que este libro te proporciona interesantes claves para tal propósito.

Admiro a Rosy Zamora por ser una buscadora de experiencias de aprendizaje, para entenderse y poder entender a otros. Conversar con ella siempre es una danza en la que surgen reflexiones, inspiraciones, esperanza y acciones.

Este libro es como tener una charla con ella, como muchas que hemos tenido frente al fuego de una hoguera y la compañía de un buen vino. A través de estas páginas, te desafía con preguntas profundas y te invita a realizar prácticas simples pero poderosas, que te permitirán ampliar el conocimiento de ti y vivir en el presente.

He construido y compartido con ella procesos de cambio personales y organizacionales. En ocasiones, sin tener claros los "cómos" pero con compromiso y fe inquebrantables, la he visto dar saltos al vacío, aunque los desafíos sean inmensos.

Aún cuando no existen recetas, nadie puede evitarte el dolor, ni recorrer el camino por ti, siempre es bienvenido un mapa con los posibles retos que podríamos tener en el trayecto. Se trata de una integración de experiencias de un largo recorrido, puestas al servicio de buscadores que quieren por la lectura y las prácticas, disfrutar más el camino de aprendizaje. En esto se basa el *Mentoring*, en esto se basa el camino del aprendiz. Muchos maestros, muchos mundos posibles.

Dada su experiencia de trabajo en empresas multinacionales, muestra cómo todo aquello que nos pasa a nivel personal, se potencia en las dinámicas organizacionales; por lo que te sugiere poderosas pautas de observación, para comprender "por qué nos pasa lo que nos pasa" en el ámbito profesional.

Este libro es una invitación a explorar la consciencia de manera respetuosa, como algo sagrado, que eres tú mismo, guiado por una guerrera ancestral.

Te propongo antes de iniciar esta lectura que te preguntes: ¿Qué opiniones tienes sobre el tema que trata?. ¿Qué anticipas que va a ser dicho?

Escribe lo que te surja de forma espontánea, es para ti. Luego revisa esos apuntes, ya que pueden ser tus filtros para leer y pueden abrir o cerrar posibilidades. A la mitad de la lectura, pregúntate: ¿Para qué me está sirviendo y de qué me hago consciente hasta este momento?

Al finalizarlo, pregúntate: ¿Qué haré en los próximos tres días, tres semanas, tres meses?. ¿Qué compromisos asumo conmigo, que este libro me haya hecho consciente? Y después de eso, si no te funcionó, puedes pedir que te reintegren el dinero.

Deseo que disfrutes tu búsqueda, pues el resultado no está al final del camino y siempre la salida es hacia adentro.

Omar Ossés,
Coach-Consultor
Director-Fundador de Taishi Consulting

Buenos Aires, Argentina, 18 de julio de 2018

AGRADECIMIENTOS

Este no es un libro que cite, ni proponga teorías, aunque mi experiencia se basa en los aprendizajes de poderosos conceptos que aprendí de personas, de la cuales no sólo obtuve conocimientos, sino contundentes ejemplos de vida: Mara Montes, Noé Gilberto Ochoa, P. Ramón Jiménez, Nieves Arias, Alberto Beuchot, Carlos Chack, José Luis Bueno, Julio Olalla, Omar Ossés, Daniel Taroppio, Magaly Bascur, Lita Donoso, Xavier P. Gallego, María Félix Ramírez Dávila y Alma Lilia Corona Viveros, mi compañera de viajes internos y externos. La esencia de todos ustedes se encuentra plasmada en estas páginas, pero especialmente la de Mario Carlos Macedo Vázquez, el hombre que admiro y amo incondicionalmente, con quien he elegido vivir el mejor tiempo de la vida: El eterno presente.

También deseo agradecer a todas aquellas personas que fueron mis grandes maestros en el desarrollo de la madurez, la responsabilidad y el liderazgo: Juan Carlos Aguilera, Paulino Martínez, Rodolfo Loyola, Mónica Saravia, Olga Ballín, Paty Blásquez, Daniel Estrada, Carlos Escobar, Dieter Neuhausser, Ricardo Guerrero y Oliver Sahlmann.

Gracias Checko Martínez, porque cumpliendo con tu misión de vida me ayudaste a superar mis límites, a través de tu fantástico programa: **Lanza tu libro con éxito.**

INTRODUCCIÓN: EL MINOTAURO DE LA FRUSTRACIÓN

Te doy las gracias por abrir las páginas de este libro, pues para que hoy puedas recorrerlas tuve que superar muchas barreras: creencias, emociones y actitudes, que quizá sean similares a las que tú experimentas.

En un entorno tan saturado de información, con sanadores, terapeutas y escritores, información valiosa al alcance de un *link o un play*, con tantas alternativas genuinas, poderosas y aplicables, mezcladas con algunas otras ficticias: Agradezco que hayas elegido tomarte el tiempo de abrir las páginas este libro. Gracias por tu confianza.

Este contenido está dirigido a las personas que están interesadas en propiciar cambios en sus vidas y más que necesitar textos especializados o teorías difíciles de comprender y aplicar, buscan una conversación amiga. Un espacio que les permita reflexionar, cuestionar, discernir, aplicar, comprobar y elegir a su ritmo.

No pretendo citar o repetir teorías, ni descubrir ningún hilo negro, tampoco me adjudico la creación de nada de lo que aquí está escrito. Sólo compartir las experiencias, de un recorrido de 20 años, que me permitieron lograr un equilibrio, para superar mis frustraciones y emprender el camino hacia la felicidad de **ser quien yo soy**.

Si te llamó la atención este libro es porque quizá seas poseedor de un tesoro potencial al que estamos acostumbrados a llamar: **frustración**. A través de este contenido pretendo que encuentres un punto de vista diferente para comprender su origen. Si visualizáramos nuestras frustraciones y les diéramos forma, muy seguramente estaríamos lejos de atribuirles la de un tesoro; en su momento yo les di la forma de una bestia que, en algunas, ocasiones sentía que controlaba mi vida.

Hablando metafóricamente, ¿Quién no se ha percibido en la lucha con un Minotauro (una bestia con cabeza de toro y cuerpo de hombre, cuyo propósito es devorar nuestro poder personal?. ¿Quién no ha sentido una impotencia similar cuando vemos en las noticias cómo son tratados nuestros compatriotas migrantes; cómo son humillados los refugiados de guerra en algunos países o cómo las decisiones de los responsables del gobierno propician pobreza extrema y deterioro de los recursos?

En una escena más cercana, ¿Quién no ha tenido el anhelo de crecer profesionalmente y sólo se topa con las típicas barreras de injusticia, corrupción, favoritismo, entre otras? Algunos otros han alimentado a la bestia de la frustración, a través de la creencia más limitante, cuando les dieron el mensaje de ser incompetentes y lo aceptaron.

¿Quién no ha sentido la asfixia de ese monstruo, a través de un trabajo rutinario, una relación castrante o una oportunidad que sencillamente no llega?

Para otros, el Minotauro de la frustración está configurado por las expectativas del entorno o las responsabilidades que no necesariamente les corresponden. La bestia nos acecha, por si acaso se nos ocurre traspasar los límites de la **zona de confort**; hay quienes han cruzado el límite e ingresaron a la **zona de pánico**, reconocieron que en ese momento era mejor volver a lo conocido. ¿Te ha ocurrido?.

Ese Minotauro habita nuestra consciencia, nos impide abrir el corazón, aceptar nuestra autenticidad, consume nuestra esencia hasta propiciar el olvido de todo aquello que siempre hemos anhelado, deteriora nuestra voluntad e incluso propicia la enfermedad física.

La mitología es una fuente inagotable de aprendizaje sobre la consciencia humana; te invito, en el inicio de este recorrido, a reflexionar sobre la frustración que todos hemos experimentado y el camino para vencerla, a través de algunos **breves fragmentos y mis comprensiones** del mito de Teseo y el Minotauro.

El mito en nuestras vidas
Hace miles de años, la isla de Creta era gobernada por el rey Minos. El poder del soberano se extendía sobre muchas islas y los demás pueblos sentían un gran respeto por los cretenses.

Este mito nos brinda un relato muy lejano, como aquellos que también vivieron tus ancestros y los míos. ¿Te has puesto a pensar sobre las experiencias que ellos pasaron?. ¿Por qué será relevante considerarlas?. ¿Sabías que algunas teorías de psicología, postulan que nuestra vida está influenciada hasta por 14 generaciones de nuestro árbol genealógico?. No te preocupes, ni te decepciones, no invalides esta perspectiva; es importante simplemente tomarla en cuenta para comprender el origen de muchos de nuestros retos presentes.

En el palacio del Rey Minos había un inmenso laberinto, con cientos de salas, pasillos y galerías. **Era tan grande que si alguien entraba, jamás encontraba la salida.** *Dentro del laberinto vivía el Minotauro, un monstruo con cabeza de toro y cuerpo de hombre, que había sido concebido por la esposa de Minos, un secreto de familia, producto de la incongruencia, la traición y la falta de dominio de los instintos,* **en el que en esta ocasión no profundizaremos.** *Sin embargo, era hijo de la reina y por lo tanto, cada luna nueva, los cretenses debían internar a un hombre en el laberinto para que el monstruo lo devorara. Si no lo hacían, salía para alimentarse, asesinando a quienes encontraba a su paso, llenando la isla de muerte y terror. Nadie se atrevía a enfrentarlo.*

Resulta que no somos individuos aislados, por lo tanto, es conveniente reconocer, que somos el resultado de la evolución de nuestros ancestros. Lo que no habíamos considerado anteriormente, es que las estructuras de pensamiento y las experiencias emocionales, también modificaron su genética, según comienzan a postular algunas experiencias de carácter científico. Por lo tanto, sus triunfos, aprendizajes, tradiciones, hábitos, valores, conflictos, secretos, adicciones, infidelidades, sus guerras, experiencias migratorias en un infinito etcétera, propiciaron emociones y, por lo tanto, las descargas bioquímicas que modificaron el ADN que hoy nos configura.

Quizá sea buen momento de reconocer que tus frustraciones no son sólo algo que te atañe a ti, se trata de **un legado que tienes oportunidad de transformar,** para establecer las bases de una nueva consciencia en tu vida y en la de los que vienen después de ti.

Minos llevaba ya muchos años en el poder, cuando recibió la terrible noticia del asesinato de su hijo en Atenas. Su ira no se hizo esperar. Reunió al ejército y declaró la guerra contra los atenienses. Atenas, en aquel tiempo, era aún una ciudad pequeña y no pudo hacer frente al ejército de Minos. Por eso envió a sus embajadores a negociar la paz con el rey cretense. Minos los recibió y les dijo que aceptaba no destruir Atenas, pero ellos debían cumplir con una condición: en determinados periodos de tiempo, deberían enviar a catorce jóvenes, siete varones y siete mujeres, a la isla de Creta, para ser arrojados como alimento al Minotauro.

¿Cómo vive este mito en tu consciencia?. ¿Qué has negociado a cambio de la seguridad por la creencia de no saber, no tener, no poder o no merecer? Pues así se van configurando los acuerdos cumplidos de generación en generación. Por muchos siglos, ha sido fácil aceptar la herencia ancestral de rasgos físicos, hábitos y enfermedades genéticas. Sin embargo, no hemos tomado en cuenta la repetición de otros patrones de conducta como son: los dones, pero también el miedo, la infidelidad, la adicción, abusos, embarazos prematuros, abortos, la carencia económica, la violencia, el sometimiento a la figura femenina, el resentimiento hacia la figura masculina, etc. Todas ellas son experiencias, que en la mayoría de las ocasiones, se viven como secretos familiares y de forma inconsciente se vuelven parte de nuestras vidas. Al ocultarlos o simplemente no verlos, al igual que el Minotauro, crecen y se fortalecen. **De toda esa información, sumada a nuestras experiencias se conforma nuestra frustración presente. Entonces te pregunto: ¿Cuál es la realidad que te produce sufrimiento y hasta el momento has elegido aceptar?**

Los atenienses creían que no tenían alternativa. Si se rehusaban, los cretenses destruirían la ciudad y muchos morirían. Mientras todos se lamentaban por su destino, el hijo del rey, el valiente Teseo dio un paso adelante y se ofreció para ser uno de los jóvenes que viajarían a Creta, para vencer al Minotauro.

¿Cómo ocurre la evolución? Cuando un rebelde que forma parte del sistema reconoce la herencia; le deja de parecer normal vivir con dolor y toma una decisión diferente para lograr su libertad con determinación. Y **resulta que la decisión de uno, libera a muchos.**

Cuando llegó a Creta, Teseo conoció a Ariadna, la hija de Minos. Ariadna se enamoró de él y decidió ayudarlo a Matar al monstruo y salir del laberinto. Por eso le dio una **espada mágica y un ovillo de hilo** *que debía atar a la entrada, desenrollar por el camino para encontrar la ruta de regreso y lograr salir del laberinto .*
Esa espada representa nuestra **voluntad,** el laberinto representa el **viaje a las profundidades** de la consciencia en las que

reside el Minotauro; el hilo de Ariadna nos dice que siempre existe una **solución simple** para aquello, que por generaciones hemos considerado imposible de resolver. Por lo tanto, en este libro compartiré contigo las claves que me permitieron iniciar el **viaje interno**, las prácticas que me ayudaron a desarrollar la **voluntad** y las pautas que desplegaron las **soluciones** más simples a mis mayores frustraciones.

Llegó el día en que el primer ateniense debía ser entregado al Minotauro. Teseo pidió ser él quien marchara hacia el laberinto. Una vez allí, ató una de las puntas del ovillo a una piedra y comenzó a adentrarse lentamente por los pasillos y las galerías. A cada paso aumentaba la oscuridad. El silencio era total hasta que, de pronto, comenzó a escuchar a lo lejos los resoplidos de un toro. Teseo sintió deseos de escapar, pero se sobrepuso al miedo e ingresó a una gran sala. Allí estaba el Minotauro. Era tan terrible y aterrador como jamás lo había imaginado. Sus mugidos llenos de ira eran ensordecedores. Cuando el monstruo se abalanzó sobre Teseo, éste pudo clavarle la espada. El Minotauro se desplomó, Teseo lo había vencido y logró salir del laberinto gracias al Hilo de Ariadna.

¿No logras crecer profesionalmente?. ¿No logras consolidar una vida en pareja?. ¿Vives en permanentes conflictos?. ¿No logras resolver la carencia material?. ¿Te cuesta relacionarte con tus hijos?. ¿Te encuentras experimentando alguna adicción o enfermedad física?. ¿Te asfixia la rutina?. ¿Crees que no eres libre de vivir tu autenticidad?. Estos son nuestros respectivos Minotauros. Nuestra mayor frustración es el aviso de la existencia de "algo" a resolver en nuestro mundo interno. **Un reto ancestral transferido por generaciones, que te plantea la posibilidad de tomar una decisión distinta.**

¿Te interesa emprender el viaje? No te sé decir cuánto dure, quizá nunca termine. He comprendido que nuestra consciencia es algo parecido a las salas del Laberinto de Creta, cuando crees que más cerca estás de la meta, quizá es cuando más lejos te encuentres. Una vez comenzado el viaje, al igual que Teseo, sentí arrepentimiento, cuando identifiqué las primeras señales del Minotauro; quise volver atrás, pero me di cuenta que nada volvería a ser igual, si elegía simplemente claudicar. Sin embargo, en cada etapa, cuando vas reconociendo lo que ahí existe, cuando vemos de frente nuestros dolores, temores y creencias limitantes, al hacerlos conscientes se debilitan o se esfuman; nuestro mundo externo comienza a mostrarnos pequeñas y grandes victorias, desde lo más cotidiano, hasta la superación de grandes retos como la carencia, la enfermedad física o la adicción, por avasalladoras que parezcan.

¿Será tan necesario que aprendamos a resolver nuestras frustraciones?

No sé si tú lo observas, pero para algunas personas, la frustración se volvió su zona de confort. Al igual que en todos los momentos de la historia, las decisiones de quienes dirigen nuestros gobiernos no favorecen la calidad y balance de vida, la salud o la equidad. Las leyes están cambiando en todos los países y las consecuencias de estos cambios son cada vez menos alentadoras, en contraste con el anhelo de estabilidad que hemos perseguido por milenios. Sin el afán de juzgar este anhelo, me pregunto si es lo que verdaderamente nos produce felicidad o si lo hacemos por resignación, costumbre o porque nos negamos a ver otras opciones, al igual que lo hicieron los atenienses ante el mandato del Rey Minos.

En los países llamados "desarrollados" identificamos grandes avances en cuestiones de salud, ciencia, educación y cuidado de los recursos naturales. Ojalá se repitieran esos modelos a través de las empresas que han establecido en los países llamados "tercer mundo" y se evitaran los altos índices de contaminación, degradación de los recursos naturales, jornadas de trabajo y salarios que en sus países serían insostenibles, aún cuando nosotros elegimos ver todo esto como "la bendición de tener trabajo". Y lo es, cada oportunidad de aprendizaje es una bendición y depende de cada quien elegir cuándo es el momento de cambiar el ciclo. Mi propósito es que en las páginas de este libro, encuentres claves para potenciar tus resultados actuales o para propiciar cambios armónicos en todos los ámbitos de tu vida.

No es ninguna novedad reconocer que el sistema de salud es cada vez más deficiente. Se rumora que un día no muy lejano, el sistema público dejará de atender enfermedades crónicas. No hablemos del sistema educativo y la dinámica social que están generando los gobiernos. Las instituciones están formando en su mayoría poblaciones enfocadas a la manufactura, para continuar con el esquema de mano de obra barata, una comunidad ocupada de forma permanente, siempre endeudada, que no logra salir de una inercia de estrés y desequilibrio.

No pretendo propiciar un debate sobre la injusticia. Pues no considero que estas situaciones lo sean. Percibo los acontecimientos que menciono como algo necesario para movilizar el espíritu, para asumir la misma decisión que Teseo. Con tantos retos en el entorno y nosotros ¿manteniendo y alimentando nuestras frustraciones?. Ya no puede ser esa nuestra elección. Si hemos de tomar decisiones diferentes, que la prioridad sea salir del ciclo de dolor.

Por lo tanto, los cambios en las leyes de salud, educación, jubilación y ahorro para el retiro, el rechazo a la migración de los países "avanzados" y todas las decisiones, que hoy se viven desde la frustración: las recibo como un regalo, que me incentiva a moverme. Tomo estos cambios como posibilidades para desarrollar al máximo mi potencial y reconocer de qué soy capaz. *"Pero no todos tenemos esa fuerza"*, dicen algunos. **La tenemos**, sólo que está dormida. En este recorrido compartiré lo que he aprendido para despertarla y transformarla en acción.

El reto que observo en una gran parte de la población, es el apego al control de la vida de otros, en lo familiar y social: exigencias, dominación, exclusión, aún cuando eso propicie sufrimiento para quien es controlado, como para quien ejerce poder: *Por que soy tu padre, porque soy el jefe, porque soy tu dueña, porque yo pago tu sueldo, etc.* Otros viven con la esperanza de que finalmente surja algún líder consciente que llegue al gobierno e implemente un sistema de equidad y justicia. Algunos otros esperan la intervención divina, para que se disuelvan nuestros sufrimientos, pero se niegan a la posibilidad de desarrollar la voluntad, arriesgar y tomar decisiones; y aunque parezca insólito, también he conocido personas que esperan que ocurra una gran catástrofe que propicie un nuevo comienzo.

En resumen, como en todos los tiempos, los grupos humanos siguen esperando que "el otro cambie" o que llegue el Mesías a lograr la liberación del yugo. Aún cuando sabemos que los grandes Maestros de Sabiduría vinieron a enseñarnos que si la liberación no surge de forma interna, jamás habrá libertad; que los únicos cambios sustentables sólo se dan desde el dominio personal, aunque resulte desalentador e interminable.

A veces preferimos no hacer nada, por la creencia de que no podemos resolverlo todo y esa es una de las grandes resistencias para propiciar nuevas escenas en nuestras vidas, que producirían grandes beneficios.

"Quizá sea muy complicado regresar al océano todas las estrellas de mar que son arrojadas a la playa por la marea, que corren el riesgo de secarse y morir cuando sale el sol; quizá ni siquiera tenga sentido; sin embargo, podemos hacer la diferencia para aquella que encontremos a nuestro paso y devolverla al

mar". (Cuento popular Sufí). Sin duda, es fantástico servir a otros y de hecho es necesario; sin embargo, un día sentí un gran alivio, cuando reconocí que la única estrella que tendría que regresar al mar, era yo misma. Pues la metáfora del mar representa el regreso a casa, el regreso a nuestro centro, el recuerdo de quiénes somos. Tómalo en cuenta: haciéndonos cargo de nosotros mismos, ya estamos aportando demasiado. Servir sin haber salido del ciclo de dolor y frustración, puede generar fuertes vínculos de co-dependencia.

Entonces, sigo con las preguntas:
* ¿Qué le da vida al Minotauro de tus frustraciones?
* ¿Lo que hoy haces es lo que verdaderamente más amas hacer?
* ¿Es la verdadera aportación que sabes que puedes hacer al entorno?
* Si no fuera así, ¿cuánto tiempo más te piensas tomar para ejercer la voluntad de manifestar lo que anhelas en tu vida?

- ¿Eliges lograr la autorrealización o te dispondrás tan sólo a replicar la misma historia y transferirla a todos aquellos que vienen después de ti?

Como ves se trata de un libro intenso, como su autora. Es intenso pero está lleno de amor y de un inmenso anhelo de libertad. Escribir este libro me sanó, por lo que espero que tenga un efecto similar en ti, que quizá, al igual que yo anhelas vivir en plenitud.

Y entonces, ¿cómo iniciar?. ¿Se trata de dejar todo y hacer aquello que no nos hemos atrevido a realizar?. No necesariamente, primero se trata de hacernos las preguntas que siempre postergamos, por hacernos cargo de las urgencias; **que profundices en el conocimiento de ti e identifiques cómo realizar cambios internos;** que por un momento al día hagas algo que verdaderamente alimente tu alma, que elijas un espacio en el que sólo te dediques a SER, que decidas desarrollar tu talento, a generar armonía y entonces te permitas tomar decisiones para dar el gran salto que te llevará a cumplir tus anhelos. ¿Te darás el tiempo? Recuerda que cada paso no dado, deja también una profunda huella.

En cada capítulo he desarrollado un concepto, comparto mi experiencia y te propongo prácticas para fortalecer la voluntad, para conocerte y fortalecerte.

Son semillas, que estoy segura caerán en buena tierra.

Con amor y gratitud.
Rosa Elena

ROSA ELENA ZAMORA ANTUÑANO

CAPÍTULO I:
LA DECISIÓN DE TESEO, UNA MISIÓN DE VIDA

Y después de una intensa introducción, con una sonrisa te doy la bienvenida a este encuentro, te sugiero abordarlo a mi manera: toma tu bebida preferida y comencemos una apasionante indagación sobre nuestro **propósito de haber nacido.**

¿El propósito de haber nacido?. ¡Qué pregunta! Quizá te ocurra como a mis amigos más cercanos, que me dicen que hago propuestas de conversación demasiado abruptas en los primeros dos minutos de haber iniciado un encuentro; ese es mi estilo, pues en temas como nuestra "misión de vida" creo que hemos demorado mucho tiempo en comenzar a hacernos preguntas cruciales: ¿Cómo puedo evitar ser víctima de todas las situaciones que mencioné en la Introducción?. ¿Qué vine a aprender?. ¿Cómo voy a experimentar la plenitud?. ¿Nací para aportar algo a mi entorno?. ¿De qué manera deseo despedirme de esta experiencia?.

¡Entiendo! No es fácil hacerse estas preguntas y menos en el primer capítulo de un libro. ¡No te culpo! sólo espero que estas líneas faciliten tu camino para evitar demorar, más de lo que yo lo he hecho, el cumplimiento del tuyo.

La misión de vida puede ser algo que confundimos con los roles predeterminados que normalmente adoptamos: ser hijo, hermano, estudiante, jefe o colaborador, empresario, cónyuge, padre, madre, abuelo. Me pregunto: ¿cuánta gente se va de esta experiencia, sin haber logrado definir el propósito de lo que venía a aprender y a aportar?. Millones de personas ni siquiera se lo preguntaron.

La misión de vida está asociada, en una primera etapa, a la superación de retos de aprendizaje que normalmente surgen en la primera infancia: falta de autoestima, inseguridad, temor, carencias, limitaciones, pérdidas, conflictos, enfermedades, expectativas no cumplidas, adicciones, dolor: En estos estados de consciencia, que parecen dolorosos y plagados de defectos, se encuentra el combustible que nos permitirá mover nuestro mundo; son las semillas de las virtudes del futuro. ¿Pero cuánta gente no se queda en estas experiencias, confiando que vive desde el heroísmo o victimismo?

La segunda etapa surge cuando hemos logrado resolver, en mayor medida, las experiencias mencionadas y está asociada al desarrollo de nuestros talentos y lo que más amamos hacer; sin importar el tipo de actividad, nos produce plenitud, abundancia, libertad financiera, inspira a otros a realizar su propio recorrido y contribuye a la evolución del entorno. Esta etapa también está asociada la despertar de capacidades que hasta el momento hemos tenido dormidas, como son: la intuición, la creatividad, la capacidad de sanar, entre otras. Y cuando hablo de evolución, me refiero a todas aquellas iniciativas que nos permiten vivir de forma más sana, feliz, colaborativa, respetuosa, abundante, alegre y en plenitud.

He observado que la falta de definición de un propósito o misión de vida es el origen de la desmotivación y la discordia en las organizaciones. Es el motivo por el cual mucha gente aún se siente vulnerable ante las decisiones gubernamentales y el sistema económico. Es lo que propicia los conflictos y confusiones en la vida en pareja y según algunos exploradores de la experiencia humana que he leído, como Viktor Frankl, Deepak Chopra o Joe Dispenza, puede determinar la salud, la enfermedad y hasta la supervivencia de una persona.

Estos investigadores nos comparten experiencias sobre personas que se sanaron de enfermedades terminales en situaciones para las cuales la ciencia tradicional no tuvo explicación. Sin embargo, al entrevistarlas, en ellas destaca el factor de **haberse planteado un nuevo propósito de vida.**

Entonces, la buena noticia es que la definición de tu propósito de vida es una clave para fomentar la motivación, el trabajo colaborativo y la sustentabilidad de las organizaciones e incluso la salud física, emocional y mental. Mi teoría es que un líder que no cuenta con una misión de vida personal, difícilmente va a poder sostener una estrategia de largo plazo en una organización; si carece de misión de vida terminará apegándose a su función, evitará el crecimiento de otras personas y propiciará el estancamiento.

En el ámbito personal puede ser el primer paso para que una pareja defina con toda sinceridad si desean caminar con rumbos afines. De hecho, realmente creo que alguien que no ha definido su propósito personal, difícilmente podrá atraer o consolidar una relación de pareja armónica y basada en la autenticidad.

Si observamos con apertura, cuando alguien ha caído en depresión es por que no identifica un propósito por el cual vivir. Cuando alguien se desmotiva en una función laboral, cuando comienzan las intrigas, la envidia, los pleitos, normalmente se trata del mismo origen.

Las empresas se van a la quiebra, por muchos motivos, para los cuales hay diversas explicaciones. Sin embargo, he observado y participado en los procesos de solución de problemas de muchas empresas y normalmente el origen de todos los males se encuentra en la ausencia, pérdida del propósito o la falta de claridad en la interpretación que hace cada área o persona sobre su contribución.

"Haz lo que te toca, pues si lo haces, avanzamos todos"
Xavier Pedro Gallego

Pero es momento de centrarnos en ti, que quizá hayas elegido iniciar o fortalecer tu viaje de exploración, por curiosidad o por frustración; hoy eso no tiene importancia, como reza el dicho popular, quizá este paso no te lleve directo a tu meta, pero si te saca de donde estabas. Lo importante es que estás eligiendo hacerlo y deseo que tengas la voluntad de desafiar tus límites, para poner en palabras y acciones tu misión de vida.

¿Por qué no cumplimos lo que planeamos, aún cuando sabemos que se trata de nuestra felicidad?. ¿Por qué tenemos apego a experiencias que nos producen sufrimiento y nos hacen daño?. Dicen los expertos que para que el cambio ocurra, se requiere abrir la mente, el corazón y la voluntad.

Métodos de planeación existen muchos. Sinceramente, no me funcionaron, pues antes de experimentar una misión de vida tuve resistencias y aprendizajes previos que me dispongo a poner en palabras, para brindarte claves que te permitan tener claridad.

La definición de un propósito o misión de vida es un paso crucial en la madurez de un ser humano. Me atrevería a afirmar que es la diferencia que caracteriza la vida de un verdadero adulto.

Hablamos de la importancia de realizar cambios internos y por lo general nos preguntamos cómo. ¡Este es el primero!, ¡Define lo que quieres!. Este es el primer cambio que te sugiero y que te permitirá profundizar en el conocimiento de ti mismo.

Te invito a dejar de ser cazador de vacantes laborales, de novias o novios, de perseguir con ambición y codicia los clientes o recursos; te sugiero dejar de esperar a que alguien lo resuelva por ti.

Es momento de ser estratega de tu vida y definir tu plan. No te preguntes cómo ocurrirá, sólo decláralo.

Te propongo abrir tu mente. ¿Cómo se abre la mente? Permitiéndote visualizar. ¿Por cuántos años has sostenido el mismo tipo de pensamientos?. Éste es uno de los motivos por los que en nuestras vidas no ocurren los cambios que queremos. ¿Cómo deseas que sea tu vida?. Te invito a dedicar algunos momentos a permitir a tu cerebro recrear esas imágenes. No es ninguna pérdida de tiempo, ni tampoco una superstición considerar que éste es uno de los primeros pasos para manifestar una nueva realidad. Existen ya muchas exploraciones sobre el impacto físico, emocional y biológico que tiene visualizar aquello que deseas manifestar. Resulta muy efectivo aterrizar esas imágenes a través de dibujos, recortes, composiciones. Así han surgido grandes visiones que han dado vida a importantes iniciativas, inventos, empresas; así operan muchas de las personas más exitosas.

Es lo que en los procesos creativos conocemos como: Los aprendizajes del futuro.

Abrir el corazón significa atreverte a realizar un viaje interno que te permita aprender a amarte y amar tu origen; también significa aprender a diseñar las emociones que te llevarán a obtener el resultado que estás visualizando: alegría, entusiasmo, gratitud, paz.

Abrir la voluntad significa que elijas comenzar y hagas lo necesario para no detenerte. Una vez planteado el objetivo será necesario diseñar acciones de corto, mediano y largo plazo; pero sobre todo, ser fiel a tu plan.

Te invito a decir salud y a comenzar el viaje. Esta exploración puede resultar sumamente efectiva si la realizas acompañado de un coach, terapeuta, un amigo o grupo de personas con las mismas inquietudes.

Ejercicio 1

- ¿A qué jugabas los primeros siete años de tu infancia?.
- ¿Qué era lo que soñabas realizar?.
- ¿Qué tanto se parece a lo que elegiste hasta el momento de tu vida?.
- ¿Qué harías si sobre tus hombros no pesaran las responsabilidades o expectativas del entorno?.
- ¿Qué es lo que siempre eliges hacer, para postergar aquello que anhelas?.
- ¿Qué actividad realizarías si el dinero, los obstáculos o las expectativas del entorno no fueran un impedimento?.
- ¿Cuáles son tus talentos y habilidades?.
- ¿Qué te dices o piensas de ti cuando te ves al espejo?.
- Si creyeras que tú diseñas tu destino: ¿Qué diseño quieres dar a tu vida?.
- Si tu vida diera un giro radical, ¿qué es lo que te gustaría conservar?.

Quizá ya te hayas hecho estas preguntas, algunas de ellas son el contenido de diversos talleres de planeación y desarrollo humano. Planear es fácil, lo que yo necesité identificar es: ¿Por qué no cumplo lo que me he prometido, que incluso sé que me abriría puertas y contribuiría con mi felicidad?.

En muchas personas surge una gran resistencia al realizar este ejercicio, pues es una poderosa salida de la zona de confort. Podría ser el momento en el que eligen cambiar de tema, cambiar de libro o de canal. No te preocupes, es normal. Te pido que en esta ocasión, sólo mantengas la intención de responderlas, sin importar si te toma tiempo.

Si te cuesta trabajo responderte, salir de las conversaciones rutinarias o silenciar tu mente, te invito a realizar la siguiente práctica: traza a escala el siguiente símbolo para recorrerlo en su tamaño real. También puedes encontrarlo en internet, imprimirlo en tamaño carta o doble carta y recorrerlo con tu dedo.

Este símbolo es conocido como el Laberinto de Chartres, el Laberinto de la Rosa, El laberinto del alma y es la **representación del Laberinto que recorrió Teseo en Creta**. Como ya lo hemos hablado, representa la metáfora de la vida humana, el viaje del alma con sus retos y descubrimientos, entre ellos el encuentro con el Minotauro. Cada trazo es una experiencia de vida en la que salimos de una etapa para iniciar otra. Para acercarse al centro, parece que primero es necesario alejarse, trascendiendo la ley de la resistencia, para fortalecernos.

Su recorrido nos permite silenciar la mente. Experiméntalo con la intención de responder las preguntas del Ejercicio 1 o como práctica meditativa. Escucha tu silencio, recórrelo con la mente y el corazón abiertos, tómate el tiempo y evita hacerlo mecánicamente. Las respuestas que buscas, llegarán a ti.

Si ya te has respondido las preguntas, te invito a recorrerlo visualizando aquello que quieres lograr. Esta práctica propiciará el surgimiento de ideas que te permitan consolidar los cambios de vida que anhelas.

Te felicito si lograste responder las preguntas, pues son el inicio del viaje de exploración, aunque no necesariamente garantizan que te comprometas con tu misión de vida. Si aún no las has respondido, también te invito a continuar y regresar, trátate con consideración, pues este capítulo acaba de plantearte uno de los mayores retos que puede tener un ser humano.

Estudiar, trabajar, casarse, jubilarse, divorciarse, envejecer no son necesariamente el recorrido del Laberinto. Iniciar ese camino requiere de la intención de abrir el corazón y la voluntad para lograr tu equilibrio: Llegar al centro, encontrar al Minotauro y vencerlo; significa que has logrado amarte y amar tu origen, lo cual es un acto heroico que requiere del ejercicio de la voluntad. Y de ahí, la segunda mitad significa vivir la experiencia de despertar los talentos y capacidades aún dormidos, trascendiendo los esquemas que hoy coartan tu libertad.

El inicio del recorrido del Laberinto requiere de una experiencia iniciática que en el siguiente capítulo vamos a identificar, descubrir o quizá propiciar.

CAPÍTULO II:
INICIA EL RECORRIDO

¿Alguna vez te has sentido vulnerable frente al cambio?. ¿Has vivido periodos en los que observas que por más esfuerzo, nunca obtienes lo que te has propuesto?. Es justo lo que ocurre cuando recorres el Laberinto de Chartres, cuanto más cerca crees que estás del centro es cuando más te alejas. ¿Has intuido que eres el portador de una pesada carga que te impide ir a donde quieres?. Son preguntas que alguna vez me hice, hasta que un día descubrí, que efectivamente no era yo quien dirigía mi vida y que me había alejado de mi esencia. Es muy sanador comprender esto, pues es parte del juego: es el Camino del Guerrero, así opera el Universo, se contrae y se expande; así funciona tu corazón: sístole y diástole. Para que un ser humano pueda llegar a su equilibrio, primero tiene que alejarse de su centro. Por lo tanto evita juzgarte, juzgar a otros, evita forzar su equilibrio, cada quien tiene su propio recorrido.

Comprender esto, puede resultar complejo para muchas personas, pues no tenemos la cultura de hacernos cargo de nuestro aspecto psicológico. Es muy natural ir al médico de cualquier especialidad, incluso de forma periódica, pero difícilmente nos hacemos cargo de sanar la mente y las emociones.

Efectivamente es así, el gran psiquiatra, psicólogo y escritor suizo del Siglo XX, Carl Gustav Jung nos aportó: *"Hasta que no hagas consciente lo que hay en tu inconsciente, va a dominar tu vida y tú lo vas a llamar destino"*.

Me tomó un tiempo reconocer que las carencias, la enfermedad, la falta de oportunidades, los conflictos, las caídas e incluso los accidentes no son el resultado de un mundo injusto. Son el producto del contenido de nuestro mundo subconsciente, que permanentemente se manifiesta en todos los dominios de nuestras vidas.

Algunos neuro-científicos han llegado a la conclusión de que la mente consciente contribuye tan sólo del 3% al 5% de nuestra actividad cognitiva, lo que significa que el 95 ó 97% de nuestros pensamientos, sentimientos, decisiones y acciones en general provienen del procesamiento no supervisado de nuestra mente. Por lo tanto, nuestra vida está controlada por un aspecto de nosotros desconocido, inexplorado y quizá amenazante: La mente subconsciente e inconsciente.

¡No por favor!, ¿Pero qué significa esto?, ¿Cómo que yo provoco lo que me pasa?. ¡Qué cosa más difícil de entender!. El conocimiento me permitió recuperar la calma.

¿Qué es la mente subconsciente?

Es la que tiene acceso a tus recuerdos. Si quisieras conscientemente recordar todo lo que has hecho en tu vida, sería imposible. Pero cosas que incluso creías que habías olvidado, las puedes recordar si logras tener un acceso a este dominio de tu consciencia. Como, por ejemplo, cuando hablamos con un amigo de experiencias pasadas, cuando reconoces algún aroma, cuando escuchas una canción representativa de una etapa de tu vida. Estos estímulos crean atajos a nuestros recuerdos almacenados en el cerebro y los traen de vuelta mediante nuestra mente subconsciente.

En ocasiones, la información en tu mente subconsciente se puede manifestar a través de grandes inspiraciones, ideas, hábitos, valores; pero también como inseguridades, temores, enfermedades, adicciones o situaciones de carácter que pueden impactar en tus relaciones. Este dominio de la consciencia almacena las memorias de tu árbol genealógico. En diversas etapas de tu vida se manifestarán, con la finalidad de propiciar tu crecimiento y avance.

Existen ciertas técnicas que permiten depurar o incluso modificar nuestra manera subconsciente de operar; hablaremos de ellas en los próximos capítulos.

¿Qué es la mente inconsciente?

Es la más primitiva de todas. Es aquélla que almacena todas aquellas experiencias vividas por nuestra especie en sus millones de años de existencia. Es la encargada de gestionar cuestiones fisiológicas tales como la respiración, el ejemplo más claro de todos.

Fácilmente puedes controlar de manera consciente tu respiración y aumentar, disminuir o detener su ritmo en cualquier momento; pero cuando no lo haces, y estás ocupado en muchas otras cosas, tu mente inconsciente toma el control y te permite seguir viviendo. Cuando estás durmiendo, por ejemplo, no piensas en respirar. La mente inconsciente es una mente reactiva y cuyos patrones de acción están determinados por situaciones y vivencias milenarias[1].

Este para mí fue un gran descubrimiento, pues alguna vez, cuando llegué al límite de los 28 años y a pesar de mis brillantes resultados como egresada de post-grado, en una de las mejores universidades de Latinoamérica, de tener cierto carisma (modestia aparte), no lograba consolidar mi estabilidad profesional, ni económica, tampoco una relación de pareja armónica. La frustración comenzó a ser un tema que definitivamente no me dejaba avanzar.

Todo aquello que lograba, era con un gran esfuerzo. Observaba la facilidad con la que las personas de mi entorno lograban lo que se proponían y comencé a preguntarme: ¿Acaso hay algo en mí, "que no está bien" y yo desconozco?

No se trata de algo malo o bueno. Comprendo que para muchas personas es difícil de asimilar, pues yo tampoco encontraba relación con mis resultados presentes y los acontecimientos de mi vida, mucho menos con la de mis ancestros.

Cuando no hemos desarrollado nuestra capacidad de observar, tenemos la tendencia a creernos individuos aislados, sin comprender que la información biológica y energética de nuestro árbol genealógico y nuestro pasado, sigue recorriendo nuestras venas y nos hace atraer experiencias de la misma naturaleza. El contenido de nuestro mundo subconsciente determina la mayoría de las situaciones que nos ocurren en la vida y nos proporciona nuestros retos de evolución. Hay personas para las cuales ese reto es más grande que para otras, de acuerdo a la información almacenada en sus memorias y en su sistema familiar.

En los primeros cursos de exploración y terapias pude comprender que las experiencias de mi infancia podrían haber tenido una influencia en los resultados en mi vida adulta. Me recuerdo en mi cuna, con total claridad, escuchaba y entendía lo que hablaban las personas de mi entorno. Viví las experiencias de una familia en la que había que luchar por la vida, compartir el espacio y sobrevivir a tres hermanos mayores mientras mis padres trabajaban. A mis cuatro años de edad, mi padre estuvo hospitalizado algunos meses, debido a que se le reventó una úlcera. Recuerdo que la dinámica familiar me llevó a vivir muchos espacios de soledad y sensación de abandono. Cuando mi padre regresó a la casa encontró en mi una barrera que me impidió relacionarme con él, que me produjo rechazo a su personalidad y que tardó más de 15 años en reducir sus efectos.

En resumen, le retiré el habla por años y no podía explicar por qué; simplemente experimentaba un bloqueo que era más fuerte que yo. Hoy puedo entender cómo esta situación ha impactado muchos aspectos de mi vida, aún cuando yo creía que había quedado en el pasado y de hecho no le había dado la mayor importancia.

Cuando observaba mi historia, tampoco identificaba que fuera trágica. Existen personas que tuvieron retos mayores y han logrado salir adelante. Por lo tanto, me negaba a iniciar un proceso terapéutico, pues además en mi entorno no era una práctica común; observaba la experiencia de tanta gente, que simplemente se dedicaba a vivir y las cosas les resultaban de acuerdo a sus planes. Yo me preguntaba: ¿Por qué conmigo tendría que ser diferente?.

Sin embargo, la noche del 10 de octubre del 2002, después de salir de una reunión con mis amigas y de haber recibido muchas llamadas de mi papá para que ya regresara a la casa, al abrir la puerta para guardar el auto, una sensación de frío me recorrió la columna vertebral y la piel, algo que no supe nombrar y tampoco he vuelto a sentir. Una de las más grandes señales que he recibido en mi vida. Como si algo tratara de prepararme para un acontecimiento.

Al día siguiente, al momento de desayunar discutí con mi papá por haberme hablado tantas veces, mientras yo estaba en la reunión de mis amigas; le reclamaba que yo ya era grande e independiente. Él me pedía que me cuidara e hiciera el esfuerzo por siempre llegar temprano a la casa. Me levanté abruptamente y tomé mis cosas para prepararme para el trabajo.

Siempre había declarado ser del "club de los no videntes", explicaba que no veía nada, no percibía nada, no anticipaba nada que no fuera del plano físico, en ocasiones lo expresaba con frustración. Mientras escribo estas líneas recuerdo una voz interna que me comunicó con claridad mientras abría la puerta de la casa: *¡Regresa, pide perdón y despídete!* No quise hacerle caso a esa voz, pensé: ¡No puede ser posible!. *¡Cuando vuelva del trabajo, todo seguirá igual!*, pensé. Pero en mi interior, sabía lo que iba a ocurrir. Se me activó la vidente interna, pero me invadió un miedo, al que no quise poner atención y con eso cerré la puerta temporal de ese don, que se manifestó en un momento crucial de mi experiencia. Un don que todos tenemos.

Cuando llegué al trabajo, ya me habían dejado el mensaje: ¡Que regreses a tu casa. ¡Tu papá se puso mal.! Mi papá había pasado por el "cambio llamado muerte". Reconocí el significado de la señal que recibí la noche anterior. Señales que todos recibimos, pero son difíciles de percibir por el ruido mental de nuestros temores.

Durante un año sentía una nube negra como compañera de camino, se tambaleó mi sistema de creencias, se me activó una rebeldía inexplicable. Emprendí la ruta del Hijo Pródigo y cambié los templos por bares.

Como trabajaba en una institución dedicada a la capacitación, tenía la responsabilidad de participar en diversos programas; en cada oportunidad los facilitadores daban la instrucción de realizar nuestra **misión de vida**. *¿Qué no se sabrán otra dinámica?, ¿por qué todos enseñan lo mismo?* -decía-. Y participaba realizando las dinámicas de forma mecánica, al *"ahí se va"*, *"para salir del paso"*, pero sin ninguna consciencia sobre la implicación en mi vida, de ese conocimiento que se me presentaba en cada oportunidad.

"Los seres humanos elegimos aprender por curiosidad o por dolor."
Humberto Maturana

Hoy me doy cuenta que la vida siempre nos abre las puertas para tomar decisiones que nos faciliten el camino. Hoy me pregunto, cómo hubiera sido, si el día en que mi intuición me anticipó que mi vida cambiaría para siempre, me hubiera despedido de mi padre con gratitud. Durante meses, la vida me daba la oportunidad de ejercer mi poder creativo en diversas oportunidades de definir mi misión de vida. Tuve las oportunidades, pero no la consciencia de saberlas recibir.

Había hecho todo lo que el sistema social y económico decía que tenía que hacer para tener éxito en la vida, pero no había aprendido algo crucial para tener éxito: **identificar las señales**. Estudiaba, sacaba buenas calificaciones, me comprometía con el trabajo y no lograba ni siquiera la más básica estabilidad e independencia económica. Vivía lo que en ese momento llamaba las **"injusticias del sistema"**. Cuando, a pesar de mis estudios y capacidad, en los lugares en los que trabajaba no se abrían para mí las oportunidades de crecimiento, prestaciones, ni reconocimientos. ¿Te resulta conocido?

Lo mismo ocurría en todos los intentos de relación de pareja, durante ese tiempo toda experiencia fue un acto fallido, pues mis ansiedades y temores cada día crecían más.

Transcurrió un año y en uno de tantos grandes esfuerzos por lograr un cambio en mi vida profesional, el proyecto que presenté para una licitación del gobierno fue rechazada, pues me faltó incluir la copia del comprobante de domicilio, el elemento más absurdo. Eso es lo que ocurre cuando vivimos desde la inconsciencia. Ésa fue la experiencia que me llevó al derrumbe. Ese día reconocí que no sabía qué rumbo tomar, mi confusión era total, tuve una gran caída y sentía que no podía levantarme sola.

Afortunadamente, mis grandes amigas Erika y Jany tomaron cartas en el asunto y concertaron una cita con Mara, Terapeuta de Flores de Bach y así comenzó mi experiencia iniciática.

En cuanto crucé la puerta de su consultorio comencé a llorar. Ella me preguntó:

-*¿En qué te puedo ayudar?*
-*Nada me sale en la vida*, le respondí ya con descontrol emocional. Parecía que me leía el pensamiento. Lo primero que hizo fue invitarme un café.

-*¿Cómo es la relación con tu papá?*, me preguntó.

-*¿Qué tiene que ver eso con mi vida?*

-*¡TODO!*, respondió.

-*Él ya falleció, ¿ahora qué puedo hacer?*

-*La vida es eterna*, me respondió. *Siempre puedes restituir el vínculo espiritual con tu papá, ¡todo tiene solución!* y me dejó como actividad visualizar un encuentro con el Ser Energía de mi Padre y decirle todo aquello que me faltó expresarle.

-*¿Cómo saber que he sanado el vínculo espiritual con mi padre?*, pregunté

-*Cuando seas capaz de amar, agradecer y honrar la experiencia de ser su hija, más allá de los errores cometidos o los defectos que* **interpretaste** *de su personalidad. Entonces serás capaz de vivir tu poder personal. Sabrás que el vínculo ha sido sanado, cuando tengas la capacidad de tomar las riendas de tu vida profesional, hacerte cargo de ti misma y relacionarte de forma armónica con el género masculino.*

- *¡Uf! ¡Vaya reto! ¿Pero qué pasa con las*

personas que no conocieron a su padre, que fueron abandonados o que no convivieron con él?

- Cuando en el corazón sólo hay gratitud por la vida, independientemente de las decisiones que el padre haya tomado, las personas tienen la capacidad de tomar la energía de la vida y vivir su poder personal. Si hay resentimiento, dolor o victimismo, pues la vida se complica en algún ámbito para mostrarnos que hay algo que resolver.

- O sea que si yo critiqué a mi padre, si juzgué que lo que me dio no fue suficiente, si rechazaba aspectos de su personalidad, si llegué a creerme superior a él, si tomaba partido cuando él tenía conflictos con mi mamá. ¿Eso daña el vínculo?

- Es así, me respondió.

- Parecía que todo iba quedando más claro: ¿Quieres decir que las consecuencias del vínculo paterno dañado son: que me cueste trabajo consolidar mi vida profesional, que enfrente retos y obstáculos que me impiden avanzar, además de que se me complique *relacionarme con el género masculino en una relación de pareja?*

- Eso dicen las teorías y de acuerdo a tu experiencia, podríamos afirmar que en ti se cumplen, sonrió.

- Pero en realidad nunca me llevé muy bien con él y antes todo me salía bien, repliqué.

- En los primeros 21 años de la vida de un ser humano se configuran las experiencias que un día se te presentarán como retos. Tu espíritu sabe en qué momento estás lista para resolver aquello que tu alma eligió trascender. Entonces, los retos aparecen. En algunas personas se presentan en la infancia, a otras en la juventud, a otras en la edad adulta. Nadie se queda sin aprender.

Sin duda, Mara acababa de abrirme la puerta de un mundo totalmente inexplorado. Hoy aún desconocido para muchos, para otros, totalmente inaceptable. Me explicó que la relación con nuestro padre establece un vínculo del cual tomamos la energía de la vida, misma que nos permite poner límites internos y externos, así como expandirlos para aprender y avanzar a nuevas experiencias. Ese vínculo no tiene nada que ver con nuestro padre, ni con su personalidad. Tiene que ver con la interpretación que hacemos de esta relación, la que habilita o debilita nuestros recursos para salir adelante en la vida. Tiene que ver con nuestra capacidad de reconocer que él fue el canal inicial para acceder a la vida. Todas las expectativas de contar con un padre responsable, protector, exitoso, libre de adicciones, presente en las experiencias significativas son tan sólo los paradigmas del sistema en el que vivimos. Para poder vivir en plenitud, necesitamos comprender en primera instancia que nuestro padre fue el **canal para que obtuviéramos la vida y eso es más que suficiente.** Lo que haya hecho de su vida, no nos concierne.

Es como si la interpretación que hicimos de la relación con nuestro padre se volviera una configuración energética en nosotros. Somos una extensión de él y si lo rechazamos, es como si nos estuviéramos rechazando a nosotros mismos y eso propicia un gran estancamiento en nuestras vidas.

Cuando el vínculo se ha desarrollado en armonía o ha logrado sanarse, se facilita el desarrollo de diversas capacidades asociadas al poder personal, como por ejemplo:

- Consciencia de las necesidades propias y la capacidad de expresarlas.
- Límites: Internos para el desarrollo de hábitos y valores, así como externos para establecer interacciones basadas en el respeto.
- Expandir nuestros límites, para aprender a partir de nuevas experiencias: proyectos, viajes, emprendimientos, etc.
- La capacidad de adquirir conocimiento, discernir, analizar, evaluar sintetizar.
- Estrategia: La capacidad de definir planes para lograr todo tipo de objetivos.
- Objetividad: La habilidad de observar y describir hechos.

- Iniciativa: La capacidad de crear nuevas oportunidades, sin necesidad de que las instrucciones vengan de otra persona.
- Determinación: La capacidad de ser firmes en las decisiones, aún cuando las circunstancias sean adversas.
- Enfoque en el logro: La capacidad para transformar las ideas en acciones, para lograr nuestros objetivos.
- Facilidad de palabra.

Después de mi primera sesión de terapia comprendí el por qué de mis resultados profesionales, independientemente de mi capacidad intelectual y mi grado de responsabilidad.

Comprendí también, que en mis relaciones de pareja estaba proyectando de forma subconsciente el tipo de vínculo que establecí con mi padre, al rechazarlo a él, estaba rechazando una parte de mi y eso siempre manifestaba sus consecuencias en experiencias de distanciamiento y abandono.

"Todos los hombres son iguales", decía. Sólo me faltaba reconocer que eran iguales a mi, eran el espejo que me mostraba la programación de mi subconsciente.

Yo no sabía de teorías, ni conceptos de psicología. Aunque para los escépticos se trata de pseudociencia o pensamiento mágico, a mi nadie me cuenta. Esta simple reflexión, me permitió dar un giro importante en mi vida, en cuestión de semanas me invitaron a un proyecto, consolidado, exitoso y que me permitió poner en práctica los conocimientos que había adquirido previamente, con una retribución similar a lo que no había logrado ganar en todo un año de esfuerzo; además, me surgió una posibilidad de empleo en una de las empresas automotrices más exitosas del mundo.

Sin embargo, aún no me atrevía a realizar el ejercicio que mi terapeuta me había sugerido hacer: Convocar al ser de luz de mi padre y expresarle todo lo que había hecho falta, aún me encontraba presa del escepticismo o la ignorancia de quien desconoce el dominio energético en la creación y su impacto en la realidad física. Aún cuando una parte de mi creía, que podría tratarse de un simple ejercicio, en reiteradas ocasiones los intenté hacer y sentía una barrera que me impedía realizarlo. Mara me sugirió comenzar a experimentar situaciones más allá de mi mente racional, hacer una petición especial, solicitando la señal del momento perfecto para realizar mi ejercicio. Hoy comprendo que lo que me propuso fue aprender a observar la información de los campos mórficos.

Comencé a ser obediente con las dinámicas, lancé mi petición, como quien ya va comprendiendo el impacto energético del lenguaje y olvidé el tema por unas semanas. El mismo tiempo que mi oferta de empleo en la gran armadora automotriz parecía no avanzar, parecía una simple casualidad, pero no le di importancia; estaba acostumbrada a que las oportunidades se esfumaran de mi vida.

En este tiempo se inauguró en la Ciudad de Querétaro el Centro Cultural Manuel Gómez Morín, se hablaba de una sala de juegos, computadoras y libros a la que pueden acceder todos los niños de forma gratuita y elegí visitarlo en compañía de mis sobrinas y mi cuñada Elsa. Me conmovió ver a muchas familias conviviendo en un espacio muy sano y creativo. Me acerqué a un grupo de personas que se encontraban tratando de armar un cubo con unas piezas de madera; no lo lograban después de reiteradas ocasiones y les pregunté si podía ayudarles. La información salió de mi mente subconsciente en segundos. Elsa celebró la inteligencia de la familia Zamora y cuando me pregunté cómo logré armar ese cubo con piezas de madera, recordé a mi padre enseñándome a hacerlo, en una lejana imagen de mi niñez, en la que interactuaba con él desde el silencio. Me quedó claro cómo funciona el subconsciente. Para mí esa fue la señal que estaba esperando. Una escena amorosa en la interacción con mi padre. Algo o alguien desde el plano sutil, se había vuelto a comunicar nuevamente conmigo. Esa experiencia me dio la energía para realizar la dinámica que tenía pendiente.

Al día siguiente, preparándome para continuar con las actividades de mi proyecto, encendí una vela y convoqué la Presencia del Ser de Luz de mi papá. Hablé con él como nunca lo hice en esta plano, pedí disculpas por la forma en que me fui el día de su partida, le dije que lo extrañaba, que lo amaba, que me hacía falta; reconocí sus cualidades, aquéllas que incluso heredé, agradecí que haya cumplido todos los acuerdos espirituales para contribuir con mi evolución y pedí su amor y respaldo para poder avanzar en mi vida.

El martes de esa semana, ocurrió lo que para mi ya no podía ser una coincidencia. Mi oferta de empleo se reactivó y me solicitaron ir a la ciudad de Puebla a la entrevista definitiva, al siguiente día me hicieron una oferta laboral, que jamás se me hubiera ocurrido posible.

Mi vida dio un giro de 180 grados, se abrieron las puertas de una brillante carrera, en una de las mejores empresas que he podido conocer.

Esa experiencia me permitió continuar el viaje de la expansión de mi consciencia y compartir con muchas personas mi aprendizaje, tuve la oportunidad de capacitarme en otros países, "me sentía como pez en el agua". *"Se debe a que la empresa representa a tu papá y la energía que te estaba haciendo falta tomar"*, me dijo una amiga experta en el tema. Lleva esta frase contigo, para tu propia reflexión.

Pude comprobar a través de la experiencia con muchos especialistas que contando con vastos conocimientos y experiencias en el diseño y fabricación de automóviles, encontraban obstáculos de crecimiento en las evaluaciones para ocupar puestos de jefatura, gerencia y dirección.

- *¿Cómo es la relación con tu padre?*, Les preguntaba en las sesiones de seguimiento a su desarrollo.

- *¿Qué tiene que ver eso con mi proceso de crecimiento gerencial?*

- *¡Todo!* Les respondía

Y así comenzó el viaje de exploración de la consciencia de mucha gente, que reconoció de donde viene la fuerza para desarrollar las habilidades mencionadas y cruciales para el éxito profesional. El punto de partida, para poder llevar a cabo los cambios que nos hemos propuesto tener y vencer la frustración.

¿Habías considerado esta posibilidad de reflexión?. ¿Puedes comprender por qué a algunas personas les cuesta tanto trabajo lograr lo que quieren?. Dicen algunas teorías de psicología, que la vida profesional es una proyección de la relación con nuestro padre biológico, así como del sistema emocional y de creencias que sostiene al árbol genealógico al que pertenecemos.

¿Acaso habías considerado que muchas de las emociones que fluyen por todo tu cuerpo son también parte de tu herencia? Conócela, acéptala y hónrala. Eso activará tu poder personal, te irá acercando a tu centro, al equilibrio necesario para lograr los cambios que anhelas.

Muchas personas me comentan que la relación con su padre es armónica y definitivamente no encuentran una relación entre esto y lo que ocurre en sus vidas. En ocasiones, no sólo se trata del vínculo paterno, sino de todo lo que ha ocurrido en su linaje: las costumbres, los talentos, los valores, las creencias, emociones, enfermedades, mentiras, secretos, exclusiones, pleitos, muertes, abortos. Todo eso vive en ti. Existen situaciones en tu linaje con las cuales estás implicado desde el plano subconsciente. Hay algo de todo ese contenido que en algún momento de tu vida emergerá o ha emergido para ponerse al servicio de tu evolución.

El autoconocimiento es la mejor solución para estar preparados y tener fortaleza vivir cualquier reto. Por lo tanto, es momento de centrar la reflexión en ti y lo que puedes hacer distinto para fortalecer esta dimensión de tu consciencia.

- ¿Cómo es la relación con tu padre?.
- ¿Qué te dolió?.
- ¿Qué te hizo falta?.
- ¿Qué admiras de él?.
- ¿Le agradeces la vida y lo que obtuviste de su relación con él?.
- ¿Qué tanto conoces de tu linaje paterno?, ¿Qué amas y qué rechazas de ese linaje?.
- ¿Cuál es el conocimiento que se te presenta reiteradamente y no has elegido tomar?.
- ¿Cómo vives las capacidades asociadas al vínculo paterno mencionadas?

Cuando algunas personas reconocen que restituyendo el vínculo paterno podrían resolver situaciones apremiantes de su vida, tratan de hacerlo desde el dominio intelectual. No digo que no sea válido, cada quien puede hacerlo desde la forma o método que más le convenza. Sólo es importante reconocer que lo que verdaderamente funciona es la apertura del corazón. Lo que nos permitirá brillar y vivir nuevas experiencias será la capacidad de amar incondicionalmente nuestro origen.

Ejercicio 2

Si tu padre aún se encuentra en el plano físico, este puede ser un ejercicio de preparación para que vivas la experiencia con él, cara a cara. Si no lo conociste, no conviviste con él o ya ha pasado por el cambio llamado muerte, recuerda que la dimensión esencial de la vida es la energía, que jamás se crea, ni se destruye, sólo se transforma, pues es eterna. Recuerda que todo tiene solución.

En un espacio privado, si es posible para ti, enciende una vela, utiliza una esencia o aroma que active alguna memoria agradable para ti.

Cualquiera que haya sido tu experiencia,

desde la simplicidad y sin dudas, abre tu mente, corazón y voluntad. Coloca la mano izquierda en tu corazón y la mano derecha sobre la izquierda.

Repite un decreto con esta idea: Desde la parte más consciente de mi ser, convoco la presencia del Ser Energía de mi Padre.

- Mencionas su nombre completo y lo visualizas frente a ti, si tu padre ya no se encuentra en este plano, lo visualizas dentro de una esfera azul.
- Le expresas todo lo que te ha hecho falta decirle, permitiendo el fluir de cualquier emoción que se presente, con respeto y gratitud, recuerda que más allá de su personalidad o lo que tú has interpretado como errores, tienes frente a ti a quien fue canal para que tu vida fuera posible en este plano.
- Le expresas todo aquello que le admiras.
- Lo que le agradeces.
- Lo que te dolió.

- Le cuentas lo que harás para capitalizar la experiencia, honrar su vida y la tuya.
- Pides su bendición para fortalecer tu camino.
- Te entregas al "gran silencio" por un momento para recibir sus mensajes. Si tienes apertura, te pueden llegar como ideas o imágenes, en ese momento o posteriormente.

Al finalizar, observas que el ser de luz de tu padre se transforma en un esplendente destello dorado que encuentra su camino hacia tu corazón, ahí se instala y se expande, por cada partícula de tu ser, te observas brillando como sol dorado y resplandeciente. Es así como esta experiencia quedará grabada en tu alma como sabiduría infinita.

Si aún tienes la bendición de contar con tu padre en este plano, ¿de qué manera modificará esta reflexión tu interacción con él?. Tienes la invaluable oportunidad de conocer su linaje, tus raíces. Te sugiero crear un espacio para tener con él esta conversación y a través de la fuerza y el poder que se experimenta en el plano físico, contribuyas con tu experiencia a dejar escrito en el Libro de la Vida, que los seres humanos somos capaces de agradecer y amar nuestro origen.

¿Desarrollarás con esta experiencia tu poder personal?. Por supuesto, pues ampliaste tu nivel de autoconocimiento y tu habilidad para observar. Es momento de dejar de vernos como individuos aislados, pertenecemos a diversos sistemas y dichos sistemas determinan nuestros comportamientos y decisiones, **cuando no somos conscientes.**

Por ejemplo, las heridas del vínculo paterno exacerban nuestra necesidad de reconocimiento. Es a través de este dolor que se ha gestado la cultura patriarcal-matriarcal, en la que el dolor del alma de un vínculo paterno deteriorado nos lleva a vivir la necesidad de someter a otros o de permitirnos ser víctimas de esas circunstancias. Se dice que este es el origen de la guerra, la ambición exacerbada, el sometimiento y la discriminación.

Por otro lado, como consecuencia de la cultura patriarcal-matriarcal, una gran proporción de la población tiene un resentimiento o rebeldía inconsciente hacia su padre o ancestros, pues consideran que las madres han sido víctimas de sus conductas y decisiones. Esto también nos ha producido un gran desorden interno que se refleja en dificultades para interactuar con la jerarquía. El único inconveniente es que en todos los rincones de este planeta, existen las jerarquías.

Esta reflexión me ha permitido lograr la comprensión de diversos comportamientos humanos en los cargos gubernamentales, en las posiciones jerárquicas de una empresa o en la relación de pareja. Ahora puedo observar cómo transferimos los valores culturales a las siguientes generaciones.

Comencé a sentir más confianza ante cualquier reto, a definir límites, a ponerme nuevos objetivos. Me encontré hablando con audiencias de 20 personas o de 800 sin perder el control emocional. Me observé agradeciendo la vida. Logré consolidar la relación de pareja que mi alma anhelaba, me casé e incluso inicié un proyecto de vida profesional independiente. Estaba lista para el siguiente reto, al igual que Teseo, había recuperado la espada mágica de la voluntad y comencé a aprovechar el poder inconmensurable de las soluciones más simples.

---

[1]http://www.sebascelis.com/consciente-inconsciente-y-subconsciente

CAPÍTULO III:
EN LA PROFUNDIDAD DEL LABERINTO

Creía que había avanzado mucho en mi viaje iniciático: había encontrado el amor, me encontraba viviendo mi vocación, tenía solidez financiera. Pude haber seguido esa ruta y llegar al final de esta experiencia satisfecha, sin duda y no me atrevo a postular que tendría que ser diferente, para las personas que así lo elijan. Pero la inercia del Laberinto del Alma me llevó al siguiente paso, un reto que aún me encuentro transitando. Elegí tomar decisiones diferentes a las costumbres y creencias de mi sistema familiar. Esto tiene un impacto y con certeza te anticipo que es mejor enterarse e identificar la forma de que esos cambios ocurran de forma armónica.

Si tus nuevas decisiones tienen su origen en el rechazo a lo que has vivido o a tu herencia ancestral, se te podría complicar la vida. Sin embargo, es importante saber que los sistemas familiares necesitan que sus miembros elijan ciertos cambios para prevalecer, lo que tenemos que considerar es la emoción desde la cual los hacemos.

Regresando a la experiencia en mi recorrido por el Laberinto del Alma, llegó el momento en el que pensé que ya tenía la fortaleza suficiente para renunciar a mi trabajo, abrir una empresa, vivir de forma independiente, tan audaz como Teseo; hacer algo distinto a lo que normalmente la sociedad elige, comencé a practicar y difundir con vehemencia prácticas espirituales diferentes a las de mi sistema familiar. ¡Y lo hice! Di el llamado "salto cuántico", la inercia de lo que había logrado me permitió sostenerme poco más de un año, comencé a endeudarme. El sueño se volvió pesadilla, parecía que de nada me había servido todo lo que antes había aprendido y experimentado; comencé a escuchar los resoplidos del Minotauro y estuve a punto de claudicar y volver al espacio seguro de lo "conocido". Las llamadas de mis acreedores no me propiciaban tanta angustia, como la idea de que llegara el domingo en la noche y fuera momento de hablar con mi mamá sobre el transcurrir de mi semana; parecía que era el momento de exponerme ante el espejo que me mostraba todo lo que yo no quería ver en mi.

Es el momento de ver de frente un reto de palabras mayores en el desarrollo de la consciencia; es un hito en el camino, que mucha gente aún no hace consciente: El rol de la función materna.

Experimenté, observé y comprendí que para resolver este reto necesitamos haber tomado la fuerza de nuestro padre, como lo describí en el capítulo anterior. De hecho, al avanzar en un proceso de autoconocimiento, observé a varias personas, contactar con el profundo e incomprensible dolor que produce el vínculo materno: discrepancias, discusiones, culpa, dolor, en la relación con la mujer que fue el canal para recibir la vida. ¿Cómo puede ser esto posible?. Nuestra madre es la portadora de nuestra gran herencia ancestral, el tema es que **desde la inconsciencia, es doloroso recibir dicha herencia.**

Como lo comenté previamente, recuerdo con perfecta nitidez los años de mi primera infancia. No había un aroma más excelso, que el que percibía de mi madre, ni mejor alimento que el que ella me preparó, ni espacio más seguro que sus brazos. La recuerdo jugando conmigo a la escuelita, en la que mis muñecas eran las alumnas, me enseñó a ponerles una hoja de hierbabuena húmeda en sus frentes, cuando jugaba a ser sanadora. Ella fue capaz de darles vida a diversos títeres que de pronto adquirían personalidad propia para nutrir mi alma y enseñarme inglés. Mi madre siempre ha sido la alegría de la fiesta, el consuelo y el refugio de todos. Es la mujer que me mostró cómo se educa a cuatro hijos, se trabaja y se estudia en simultáneo, se mantiene el orden en un casa y un matrimonio de 39 años, hasta que el ciclo de la vida lo permitió; por si esto fuera poco, nos mostró como acompañar, con total entereza, a uno de sus hijos hacia el cambio llamado muerte. Es alguien parecido a un Roble, en tiempos de alegría, de crisis, de enfermedad o de muerte. A través de la gran sabiduría de su alma, ha sido capaz de darnos a mis hermanos y a mi, lo que ella no necesariamente recibió. He aquí mi herencia.

¿Habías escuchado que la madre es la portadora de la energía que nos permite tener salud, inteligencia, abundancia y responsabilidad para ejercerla?, Entonces, independientemente de la personalidad de tu madre y tu relación con ella, si aún no logras disfrutar de la salud, la abundancia y la armonía en tus relaciones, explorar sobre el vínculo de tu función materna es, sin duda, un gran oportunidad para resolver esos retos cruciales de la vida.

He escuchado mencionar a expertos en el estudio del comportamiento y la consciencia humana, como el Dr. Humberto Maturana que: *biológicamente todos somos igualmente inteligentes.* Lo que determina la inteligencia de un ser humano es el **entorno emocional** en el que se desenvuelve.

Y resulta que de nuestra madre absorbimos el alimento y nutrientes teñidos de la **frecuencia energética que generaron sus emociones.** El vientre materno fue **nuestro primer entorno emocional,** ahí se gestó la mezcla perfecta entre la información portadora del linaje de nuestro padre, para mezclarla con la herencia ancestral del materno. Ahí se sembraron las semillas de lo que será la salud o enfermedad, la voluntad para ejercer la responsabilidad y para continuar con la transmisión de la vida.

Fortalecer el vínculo materno no sólo se trata de un trabajo de superación personal cualquiera. Es un trabajo en profundidad que te transforma interiormente y te libera. Especialmente las mujeres, hemos heredado cadenas ancestrales de nuestro linaje materno, que tenemos que concientizar para avanzar en nuestro empoderamiento[1].

¿De qué tenemos que ser conscientes?

De todas las conductas patriarcales-matriarcales que han recaído sobre la mujer desde hace milenios. A través del vientre materno, absorbimos **sin filtro las memorias y el dolor** que han propiciado la dominación, el sometimiento, la desconfianza, las exigencias, la ambición, la discriminación, en contraste con la expectativa absurda de que una madre es perfecta, amorosa e inmaculada. ¿Observas el impacto de esta incongruencia puede tener en la consciencia de nuestras madres y por lo tanto en la nuestra?

Observo a mucha gente en estados de ánimo de enojo o frustración cuando reconocen miedos inexplicables, sensación de fracaso e identifican la réplica de muchas situaciones aparentemente limitantes que bloquean su avance, como por ejemplo: la enfermedad, la carencia, la adicción, entre otras. Como lo mencioné anteriormente, se trata de una herencia que duele mucho recibir **y que nos corresponde transformar.**

Una ostra sólo puede producir una perla cuando ingresa a su caparazón un insecto o un objeto extraño y a fuerza de un proceso similar a la voluntad, es capaz de transformarlo en perla. A través de la herida, ingresa la luz. Esa "herida" es la semilla de la verdadera inteligencia y las cualidades futuras, **pero no germinarán si nuestra actitud es de victimismo.** ¿Siempre tendrá que ser así? Creo firmemente que no, a los que hoy nos encontramos leyendo estas líneas, nos corresponde tomar decisiones distintas para transmutar las cargas de dolor que recorren la consciencia de nuestros sistemas familiares y propiciar nuevas realidades para nosotros y las futuras generaciones.

Aunque en este momento no tenga tanto sentido, te invito a aceptar la posibilidad de que entre más dolor identifiques en tu sistema familiar, más "aparentes errores", mayores son tus oportunidades de despertar capacidades ilimitadas, algunas de ellas quizá aún inimaginables. Si alguien te entregara un baúl lleno de plomo, muy probablemente te causaría mucha incomodidad, molestia o enojo. ¿Pero qué ocurriría si reconocieras que puedes volverte alquimista y transmutar todo ese plomo en oro?. ¿No sería entonces un gran regalo recibirlo?.

Estamos hablando de mucho más que una simple metáfora. Gratitud eterna a la mujer que nos llevó en el vientre y tuvo el valor de ser un canal al servicio de la vida y la evolución en una era distinguida por principios y valores, que instalaron en lo más profundo de nuestra mente inconsciente: la desvalorización de la energía femenina y sus capacidades.

¿Reconoces lo que puede ocurrir en una mujer que tiene deseos, aspiraciones, temores, anhelos de libertad y realización en contraste con las creencias instaladas sobre la maternidad en el inconsciente colectivo?: La madre paciente, santa, inmaculada, cuyo amor es incondicional, eterno y lo puede todo, capaz de cargar con su dolor y el de los demás; siempre dispuestas y disponibles para sus hijos: es; sin duda, una expectativa injusta y prácticamente imposible de cumplir desde la autenticidad.

La herida de la función materna no tiene que ver con la personalidad de tu madre, sus decisiones, ni con tu amor hacia ella. No tiene que ver con que si te llevas bien o mal en la convivencia cotidiana. Tiene que ver con la herencia energética que recibió de su linaje, pues si las mujeres de tu árbol genealógico vivieron en este planeta, entonces seguramente experimentaron abandono, violencia, abuso, rencor hacia la figura masculina, lo que quizá les impidió tomar la energía de sus padres, para realizar transformaciones en sus vidas. Con todos estos retos en su consciencia, tuvieron el valor de transmitir la vida y educar a los que hoy somos adultos.

Desde el plano subconsciente, es la madre la que propicia la iniciación para que un hijo vaya a tomar la energía de su padre e incorpore las capacidades de la energía masculina que abordamos en el capítulo anterior. Pero cuando la madre, no aprendió a tomar la energía de su padre, porque su propia madre tampoco supo hacerlo, nos encontramos, por generaciones, repitiendo patrones de conducta como los mencionados en el capítulo anterior.

¿Observas en ti una batalla interna de una energía que te empuja a arriesgarte, a lograr tus sueños y otra que te presenta una resistencia a avanzar y permanecer seguro en el mismo lugar o estado de consciencia?

Se trata de las energías masculina y femenina, que de acuerdo a la imagen interna que aprendiste de tu padre y tu madre, van a determinar los patrones fundamentales de creencias y emociones con los que lograrás o no, los resultados que buscas en tu vida, de acuerdo a cómo desarrolles tu consciencia.

Es así como en algún momento de la vida se activan los antagonismos que existen en nuestro mundo subconsciente; se nos ponen de frente las incoherencias de nuestros mapas mentales con la realidad y nuestra madre comienza a reflejarnos, a veces de forma incontrolada, nuestros mayores temores, culpa, enojo y tristeza. Y si no somos conscientes de esta dinámica nos encontraremos inmersos en círculos viciosos de enojo y culpa, los elementos necesarios para disminuir nuestro poder personal y los mayores impedimentos para realizar nuestra misión de vida.

La mujer que te obligó a desayunar antes de salir de casa, la que te retuvo para que no salieras sin campera o *suéter*, la mujer que daría cualquier cosa por protegerte, o la que eligió irse de tu vida o "morir" que es también una elección, es la que desde el plano espiritual brindó el servicio de transferirte una herencia. ¿La multiplicarás?. ¿O te quedarás seguro y resguardado en la inercia de la vida, la repetición de patrones y la asfixiante zona de confort?. Tómalo en cuenta, esa herencia **tiene apariencia de dolor. ¿Para qué se te entregó?:** Para fortalecer tu alma y contribuir con su evolución.

Desde el plano espiritual, tu madre es la sembradora de la iniciación en ti y las capacidades asociadas a la energía femenina: creatividad, intuición, telepatía, sanación, habilidades artísticas, clarividencia, entre otras. Cualidades que se activan y desarrollan, cuando somos capaces de salir del ciclo de frustración. Así opera el juego cósmico, para que tú decidas si eliges quedarte en el rol de víctima o aceptas los retos de dicha iniciación, convirtiéndote en un ser humano integral.

La comprensión de que nuestra madre ha sido sólo un canal para dar vida, que con el hecho de habernos permitido crecer en su vientre y nacer, con eso hizo más que suficiente, puede liberarnos de la carga de todos esos mapas de victimismo que controlan la dinámica de nuestras vidas.

Su herencia genética y energética es nuestra gran oportunidad de aprendizaje, no nos corresponde pretender cambiarla, ni sanarla, ni salvarla y menos juzgarla; cuando somos conscientes, de que sólo nos corresponde sanar nuestras limitaciones y carencias emocionales, comenzamos a vivir con más paz, armonía, aceptación y respeto al rol de la maternidad.

El desmoronamiento del mito de la madrecita santa debería llevarnos a una redefinición de una nueva forma gozosa compartida y responsable de tener y criar hijos, **pues a fin de cuentas no hay nada que haga más feliz y fortalezca a un hijo, que una madre que sabe ser feliz y tratarse a si misma con el mayor respeto y amor.**

A medida que cada vez más personas sanemos la herida de la función materna y damos un paso firme y consciente hacia nuestro poder, encontraremos por fin la iniciación que estábamos buscando y por lo tanto seremos capaces de nutrirnos, cuidarnos y empoderarnos y por consiguiente, hacerlo con las futuras generaciones.

Diagnóstico de la función materna.
* ¿Tienes algún problema de salud?.
* ¿Identificas alguna adicción a sustancias, personas, cosas, situaciones?.
* ¿Identificas sentimientos de culpa?.
* ¿Sientes que no puedes ser feliz, porque identificas que tu madre no lo es o no se permitió serlo?

- ¿Qué tan fácil es para ti identificar y expresar tus emociones?.
- ¿Qué tanta habilidad tienes para escuchar?.
- ¿Eres capaz de reconocer e interactuar con el mundo de la subjetividad?. (Energía, resonancia, señales, mundo subconsciente)
- ¿Qué tan fácil es para ti recibir? (Regalos, reconocimiento, recursos, nuevos conocimientos, oportunidades, amor).
- ¿Qué tan despierta está tu inteligencia intuitiva?.
- ¿Es la paciencia parte de tu forma de vida?.
- ¿Qué tan fácil es para ti colaborar, trabajar en equipo, convivir, vivir con una predisposición a la integración?.
- ¿Qué tanta constancia has sido capaz de desarrollar en tus proyectos, decisiones, hábitos cotidianos?.
- ¿Es fácil para ti identificar las necesidades de otros?.
- ¿Qué tanta habilidad has desarrollado para escuchar tu voz interior?

La respuesta que des a estas preguntas te permitirá comprender qué tan profunda es la herida de tu función materna o qué tan anestesiada la has tenido.

Si hay algo que resolver para tu crecimiento, se manifestará con un reto respecto a:

- El manejo de tus emociones y el impacto en la salud.
- Conflictos o rupturas.
- Carencia material.
- La capacidad de recibir: amor, conocimiento, detalles, oportunidades, reconocimiento.
- Intuición y sensibilidad, elementos clave para el desarrollo de la inteligencia, la adaptación y las relaciones humanas.
- Paciencia: que es sinónimo de sabiduría y de respeto a los ciclos de las personas, las situaciones y la naturaleza.
- Integración de otros: La mayoría de nuestros retos sólo tienen solución a través del trabajo colaborativo.

- Perseverancia: Una cualidad imprescindible para tener éxito.
- Consciencia de las necesidades de los otros: La capacidad de reconocer que no somos individuos aislados, que pertenecemos a sistemas en los que los problemas de otros, tarde o temprano se volverán propios; por lo tanto es necesario aprender a colaborar con la consciencia de que somos uno.

Sugerencias para sanar la herida de la función materna.

Existen muchos métodos y teorías. El que a mi me ha funcionado es usar todo lo que he aprendido previamente para reconocer desde el amor y la gratitud, que **soy mi madre en otro cuerpo, en multiplicación con mis experiencias** y decisiones. Por tal motivo, desde la inconsciencia, un encuentro con nuestra madre, podría detonar la discordia que causa una bomba atómica. Desde el plano sutil, nuestro padre y nuestra madre siguen transfiriéndonos energía de vida, independientemente de nuestra edad y sin importar si ellos aún se encuentran en este plano. ¿Qué es lo que nos transfieren? Lo que ellos recibieron y experimentaron. Si son memorias de dolor, será necesario que las hagamos conscientes y las recibamos con amor incondicional. Así seremos capaces de producir perlas. De lo contrario nos encontraremos interactuando con un espejo que nos reflejará mucho dolor. He aprendido a amarme a través de mi madre, a honrar el inmenso valor con el que ha experimentado la vida, a reconocer que ella es la grande y ante ella, yo siempre seré la pequeña. Lo que ha ocurrido después es que mis sueños volvieron a cobrar vida y comenzaron a dar nuevos frutos. Se armonizó mi mundo emocional y se activaron capacidades que no sabía que tenía, como por ejemplo: la intuición.

Algunas claves adicionales.
1. Revertir las limitaciones heredadas de nuestro sistema familiar:

En una conferencia escuché a Enric Corbera una reflexión que me pareció muy clara. Cumplir con la ley universal: Honrarás a tu padre y a tu madre, significa agradecer la herencia genética recibida de ambos y comprometernos a revertir sus limitaciones; se trata de una señal de impulso evolutivo y se requiere del inmenso amor de un rebelde en el sistema que levante la mano para cumplir este rol. Este es el mayor acto de amor que podemos tener hacia nuestros ancestros, aunque ellos no lo comprendan aparentemente. Por lo tanto, se necesitan agallas para negarse a seguir replicando los patrones limitantes, que tienen una gran fuerza e influencia generacional en nuestras familias.

Revertir las limitaciones del sistema familiar significa ser capaces de lograr salud, paz y gratitud en donde por generaciones hubo enfermedad, adicción, violencia, infidelidad, exclusión. ¿Es eso posible?, ¡Todo es posible! Los procesos terapéuticos pueden ayudarnos a propiciar esta comprensión desde el corazón, para que la energía que impulse nuestros cambios sea el amor y no el dolor.

También ocurre que muchas personas muestran mucha determinación a hacer lo necesario para no repetir los patrones de su sistema familiar; sin embargo, cuando esto se lleva a cabo desde el rechazo o resentimiento: "Yo no seré igual que tú", "Yo sí lo voy a hacer bien", lo único que se logra es exacerbar la fuerza de dichos patrones y por lo general terminamos repitiéndolos con mayor intensidad.

2. Honrar la experiencia que ellos eligieron.

Tus padres se eligieron mutuamente para darte la vida, ninguno es víctima de otro. Pretender sanar la consciencia de tus padres es un acto de arrogancia. La proyectarás en otros dominios de tu vida y terminará por debilitarte. Abstenernos de pretender cuidar **emocionalmente** de otros, incluyendo a nuestra madre, evitar el "yo sí puedo y tú no", es uno de los primeros pasos para recuperar el poder personal, ocupar el lugar que nos corresponde y por lo tanto ir estableciendo un orden interno que nos permitirá dar frutos en el mundo externo.

Contrariamente a lo que nos han enseñado, no tenemos que tratar de intervenir en las decisiones de nuestra familia. Sólo tenemos que sanarnos a nosotros mismos y con esto, estaremos haciendo una gran contribución a nuestro sistema. No estoy insinuando que no sea válido apoyarles, cuando ellos lo solicitan. Sin embargo, intentar cambiar a otro cuando no nos ha pedido ayuda, es un acto de arrogancia y violencia.

3. Trascender la culpa. Es muy importante comprender que una decisión de cambio radical en nuestras vidas puede activar memorias de culpa instaladas en la mente subconsciente e inconsciente, es probable que despierte en ti el sentimiento de traición cuando te acercas a la realización de algún sueño y quizá te sabotees. Cuando sientas que has perdido tu vitalidad o poder personal y sientas que nada te sale bien, explora esta posibilidad, puedes estar albergando sentimientos de culpa, por el hecho de haber tomado decisiones distintas en tu vida.

Si identificas que tus culpas se deben a no haber cumplido las expectativas de tu Sistema Familiar, o a errores cometidos por tus decisiones, recuerda que estás en este plano para aprender, de nada te sirve quedarte apegado a los errores cometidos. Evita ser tu propio verdugo, incorpora la experiencia de tus errores al ámbito de la sabiduría del alma, no los repitas más y sigue adelante. Si tienes el don de la vida, úsalo constructivamente.

Por otro lado, en vez de sentirte culpable por no ser capaz de sanar a tu madre ni a los otros miembros de tu familia, o sentir culpa por tu elección de vivir de una manera diferente, asegúrate de que la emoción que te mueva sea la gratitud por tu pasado y tus raíces. Si lo haces, recuperarás tu poder personal: recordar quién eres y para qué estás aquí. Como consecuencia, devolverás a tus familiares el poder de seguir su propio camino.

4. La ley del reflejo o la proyección. Es un acto de gran sabiduría reconocer que energéticamente eres tu madre en otro cuerpo, con la suma de tus experiencias. Alégrate de todas las cualidades que admiras de tu madre, pues también tú las posees. Reconoce que todos los defectos que ves en ella y que más rechazas: **son tus virtudes del futuro si eliges despertar tu consciencia**.

Ejercicio 3

- Escribe el nombre completo de tu madre y realiza un listado de todas las virtudes y talentos que observas en ella y de tu linaje materno, así como las actitudes que más te producen rechazo o dolor.
- Realiza este ejercicio con mucha sinceridad. De cada aspecto que rechazas,

identifica la **intención positiva**, por ejemplo:

- Siempre se queja por estar enferma: Está buscando amor, como cualquier ser humano, desea amor.

- Critica todo lo que hago: Ella busca que dé lo mejor de mi.

- Se hace la víctima: No ha logrado reconocer su naturaleza divina y aún piensa que el poder y las soluciones son externas.

- Todo lo ve de forma negativa: Le gusta prever riesgos, alberga emociones que no ha aprendido a transformar.

- Ahora, borra o tacha el nombre de tu madre y coloca el tuyo.

- Identifica situaciones de tu vida en las que te observas llevando a cabo las mismas conductas. Quizá no de forma literal. Quizá tú no te enfermas en el dominio físico, ¿pero qué tal en el emocional o mental?. Recuerda que los conflictos o las creencias limitantes son otra forma de enfermedad. Probablemente, tú también estás buscando amor, por lo menos el reconocimiento de otros en tu trabajo, con tus amigos, con tu pareja. Con este ejemplo, quizá se te haga más fácil reconocer cuándo tú también postergas el cumplimiento de tu misión de vida por enfocarte en vivir la vida de otros y así con cada situación. Quizá tú te tratas con una negatividad similar al pensar en realizar tus sueños o al no realizarlos, estás potenciando esa negatividad en ti. Si no reconoces en tu personalidad algún aspecto que rechaces o admires de tu madre o su linaje, pide ayuda a alguien que te ame. Seguramente te brindará varios ejemplos. Realiza el ejercicio con mucha consciencia y seriedad hasta que logres reconocer que tu madre es un ser en evolución al igual que tú. Que a diferencia de ti, ella no tuvo las oportunidades de aprendizaje y los recursos que hoy tú tienes para avanzar.

- Si es más fácil para ti, graba estas instrucciones en algún dispositivo, para que te auto-dirijas este ejercicio a tu ritmo.

En un espacio de tranquilidad y soledad, desde el ámbito de lo sutil: Convoca la presencia del Ser Energía de tu madre. Observando su rostro: Agradécele haber sido el canal para darte la oportunidad de vivir en este plano, reconoce su valor, honra las decisiones que tomó para permitirte vivir, reconoce su esfuerzo y lo que ella te dio, a pesar de lo que no recibió de sus ancestros. Reconoce su victoria: eligió y logró sostener tu vida en su vientre, no todas las mujeres lo hacen, lo eligen o lo logran.

Recuerda todos los aspectos que escribiste en el ejercicio de reflexión, todo lo que admiras y rechazas de tu madre, la intención positiva que reconoces y **la comprensión de que todo lo que te transmitió tiene un propósito.**

Identifica las situaciones en las que tú llevas a cabo las mismas conductas y decreta lo que surja de tu corazón, entorno a esta idea: Estoy soy, honro esta posibilidad de evolución, éste es mi punto de partida, pido tu permiso y bendición para hacerlo diferente, gracias por transmitirme la vida y la inteligencia. Añade todo aquello que surja desde el alma y exprese toda tu gratitud y reconocimiento a tu origen.

De tu corazón al corazón de tu madre emites un rayo de luz rosa y decretas que a partir de ahora esta relación se encuentre basada en el amor incondicional.

Observas cómo ese vínculo se expande hasta que tu madre y tú quedan envueltos en un capullo rosa con destellos dorados que lentamente va absorbiendo esta experiencia, hasta dirigirse a tu centro cardiaco, se instala ahí y queda grabada en tu alma como sabiduría que fortalecerá tu camino.

---

[1] "Por Sophia Style: www.mujercíclica.com

CAPÍTULO IV:
DE MINOTAURO A MAESTRO

Una cosa sólo ha buscado el hombre en todo tiempo, y lo ha hecho en todas partes, en las cimas y en las simas del mundo. Bajo nombres distintos -en vano- se ocultaba siempre, y siempre, aun creyéndola cerca, se le iba de las manos. Hubo hace tiempo un hombre que en amables mitos infantiles revelaba a sus hijos las llaves y el camino de un castillo escondido.

Pocos lograban conocer la sencilla clave del enigma, pero esos pocos se convertían entonces en maestros del destino. Discurrió largo tiempo -el error nos aguzó el ingenio- y el mito dejó ya de ocultarnos la verdad. Feliz quien se ha hecho sabio y ha dejado su obsesión por el mundo, quien por sí mismo anhela la piedra de la sabiduría eterna. El hombre razonable se convierte entonces en discípulo auténtico, todo lo transforma en vida y en oro, no necesita ya los elixires. Bulle *dentro de él el sagrado alambique, está el rey en él, y también Delfos, y al final comprende lo que significa la frase: **Conócete a ti mismo**.*

Georg Philipp Friedrich von Hardenberg. Novalis, 1772.

Conócete a ti mismo, el mayor y más intenso viaje de exploración que un ser humano puede elegir. Feliz la persona que logra encontrar la sabiduría en su mundo interno, en el castillo escondido; que no necesita más los elixires de la aprobación o la seguridad externas, el control, la ambición, el materialismo. Feliz la persona que logra amar lo que ve en el espejo cuando se afeita, se peina o se maquilla. Feliz aquél que logre amar su reflejo en otras personas y en todo aquello que le rodea.

El resultado de conocerte a ti mismo será el despliegue de tu poder personal, de la paz y la capacidad de propiciar o enfrentar cualquier cambio.

Si en los capítulos anteriores reconociste las dos fuentes que no sólo construyeron tu composición genética, sino un estado de consciencia para permitirte experimentar, has iniciado el viaje interno. Es muy simple, aunque no necesariamente es fácil reconocer; como ya lo he mencionado, todos los sistemas familiares, en mayor o menor medida han transferido por generaciones esas cargas energéticas que se traducen en sufrimiento. Y más que preguntarnos ¿Por qué a mi?, ¿por qué yo?, nos ayudaría más analizar el contexto en el que vivieron nuestros antepasados e incluso nuestros padres: guerras civiles, revoluciones, guerras mundiales, dictaduras, persecución, migración, crisis económicas, un sistema educativo deficiente, falta de información, cultura patriarcal-matriarcal.

Sería muy sanador que transformáramos nuestras exigencias en una profunda comprensión, que las generaciones anteriores a la nuestra, han sido portadoras de esa experiencia, porque padecieron esas vivencias. Su rol en la evolución es otro y también para ellos ha sido muy doloroso. En muchos de ellos podemos reconocer que incluso fueron capaces de darnos lo que ellos no recibieron, así que ahora: ¿Qué vas a hacer tú?

Y así, llegamos a este momento. Eres el portador del aprendizaje y el dolor de tus ancestros y **lo has proyectado en tu realidad y tus resultados.** La diferencia es que hoy tú tienes acceso de forma inmediata, a todos los recursos necesarios para aprender a vivir diferente. **En esta experiencia tienes la oportunidad de ser su victoria.**

Ahora, este símbolo del Árbol de la Vida te representa a ti, un ser de belleza y perfección inconmensurable, que vivió la victoria de nacer y experimentar. Cuanto más conozcas la frecuencia de la savia que recorre toda tu estructura, más lograrás crecer con firmeza y fortaleza, mayores alturas alcanzarán tus ramas.

La negación a conocer, comprender y amar nuestra herencia ancestral es desde mi punto de vista el mayor obstáculo para aceptar y propiciar el cambio, lo que nos debilita y vuelve vulnerables ante cualquier circunstancia que implique un crecimiento.

Desde estos estados de inconsciencia elegimos una carrera profesional, pareja, tener hijos, trabajar en una empresa, asumimos posiciones de liderazgo, cargos de responsabilidad gubernamental, ¿y el resultado?: Ya lo conocemos, nos ha alcanzado para transferir dolor, proyectar carencias, repetir errores, perder piso, ejercer poder, propiciar injusticias, causar sufrimiento.

Entonces es momento de identificar lo que viniste a trascender a través de esta experiencia.

Se trata de poner en palabras la primera fase del laberinto de tu vida, es momento de reconocer al Minotauro.

Aquel reto que se ha presentado desde tu temprana infancia, tu mayor dolor, tu mayor obstáculo, lo que identificas como tus defectos, al conjunto de esas experiencias te invito a integrarlas, a darles una forma humana, asignarles una personalidad y las llames **tu Maestro**. Esta entidad es la mezcla de los retos ancestrales de tu padre y tu madre; la oportunidad por el cual la cual tu espíritu eligió que nacieras en ese sistema.

Si te cuesta trabajo identificarlo, no te preocupes; algunas personas requieren de una guía más profunda o un proceso terapéutico para reconocerlo; también es cierto que la mayoría de las personas se van de este plano sin haberse percatado del reto de evolución que estaba a su disposición.

En ocasiones pensamos que hemos tenido muchos problemas o retos en nuestras vidas. Sin embargo, si nos permitimos observar podría tratarse del mismo problema con distinta apariencia. Si lo identificas, evita abrumarte queriendo resolverlo, el primer paso es ser consciente de su existencia en tu vida y con ello habrás dado un paso muy importante en el desarrollo de tu consciencia.

Algunos ejemplos:

Quien experimentó la sensación de abandono desde la temprana infancia, el Maestro llamado **Abandono** puede aparecer también en distintas etapas y manifestarse a través de la relación de pareja o de otros seres amados. Puede reflejarse en las actividades profesionales, en las que la gente de pronto elige dejarlos a cargo de todas las responsabilidades. A estas personas por lo general, les toca experimentar e incluso acompañar la aparente pérdida de seres amados, que pasan por el "cambio llamado muerte". Cuando no han hecho consciente este patrón de vivencias, tendrán la tendencia a experimentar un sentimiento de añoranza y orfandad que los limita a lograr sus objetivos.

Si alguien vivió experiencias que mermaron su **autoconfianza,** en cada nuevo ciclo o emprendimiento, su Maestro hace una aparición para incentivar el contacto con la inseguridad y trascenderla.

Quien heredó grandes dosis de **miedo** ancestral puede ser que desarrolle una personalidad de mucha rigidez, control, intransigencia en el orden, quizá burocracia, necedad, etc. Ellos por lo general viven muchas experiencias caóticas, de desorden o situaciones que los incentivarán a desarrollar la flexibilidad, la empatía y la apertura a posibilidades.

Las personas que crecieron en sistemas familiares con predisposición a la **adicción** a las emociones: miedo, enojo, culpa, odio, apego; en distintas etapas de su vida podrían desarrollar adicciones a sustancias, personas, bienes materiales, trabajo, juego, poder, reconocimiento, sexo. En ocasiones no son suficientes las fugas económicas, la discordia y el dolor, como para elegir preguntarse por el origen de esta situación. Si no lo resuelven, es posible que transfieran dicha adicción a sus hijos, para darse una nueva oportunidad de trascenderla.

Quien experimentó **carencia**, puede tener la predisposición a vivir en consciencia de escasez, ambición o codicia. En cada oportunidad de crecimiento, quizá encuentre la tendencia a no tener iniciativas en su vida, por la creencia de no contar con los recursos suficientes.

Quien vino a trascender la **pérdida** seguramente la vivirá a través de sus relaciones y bienes materiales, para aprender que en este universo nada se pierde, cada aparente pérdida es una puerta abierta a la plenitud y la abundancia.

Otras personas nacieron con las **memorias de injusticia** y el entorno se las proporciona, desde la distribución de los juguetes en la navidad, los regaños de los profesores en la escuela, la distribución de actividades en el trabajo, los obstáculos para crecer, la discriminación, el abuso, el maltrato, el machismo, la misoginia, el favoritismo, el nepotismo, el amiguismo. En ocasiones se quedan en la postura de víctimas o se transforman en victimarios; así como también optan por volverse "héroes" o "salvadores de otros", limitando su crecimiento.

Otras personas aprendieron a que la **fuente del amor es externa**, por lo tanto viven cumpliendo con las expectativas de todos y permiten que otros diseñen su destino. Podrían padecer, hasta llegar a enfermar por no tomar decisiones en su vida con tal de no dañar la imagen del hijo, padre, madre, pareja, empleado perfectos. Consideran que tomar decisiones sobre su vida, es un acto egoísta. Por lo general, necesitan mantener un equilibrio en sus vidas a través de la mentira o la infidelidad. Un equilibrio que los mantiene vivos, mientras sean capaces de sostener la apariencia.

Y así el miedo, la duda, indiferencia, infidelidad, enfermedad, violencia, abandono, exclusión, abuso, discriminación son los Maestros de muchas personas, los sacos de plomo que te son entregados para que elijas transformarlos en oro, los defectos que te corresponde transformar en virtudes.

Evita juzgar a tu Maestro

El común de la población elige, de forma inconsciente, considerar al Maestro como una maldición, un castigo divino, una injusticia de este mundo, una carga del pecado original.

Yo muchas veces me pregunté: ¿Por qué tengo que dudar de mi en el umbral de un logro?. Quizá yo no merezco ser feliz. ¡Bueno! Pues ahí tienes a mi Maestro.

Cada vez que propicio una oportunidad de aprendizaje o crecimiento, mi Maestro hace su aparición. Antes lo recibía como quien se encuentra con un Minotauro e incluso expresaba mi falta de autoconfianza con cierta agresión hacia mi entorno.

He logrado reconocer que cada que aparece, es por que se trata de una nueva oportunidad de expansión, de un tesoro por descubrir y de una oportunidad de hacer magia.

Cuando no reconocemos a nuestro Maestro, hacemos crecer estas resistencias en nuestras vidas y nos volvemos portadores de ellas, para transferirlas a las siguientes generaciones. Sin embargo, al hacerlas conscientes, honrarlas, sanarlas y tomar decisiones diferentes somos capaces de llegar al -Centro del Laberinto- y recuperar la fortaleza.

Por lo tanto:

* ¿Cuál es el reto, obstáculo o dolor que aparece en cada etapa de tu vida, cuando es momento de crecer?.
* ¿De qué manera has elegido vivirlo?.
* ¿Qué consecuencias ha tenido tu decisión?.
* ¿Cuál es la carga emocional que sientes al respecto?.
* ¿Qué has hecho para liberarla?.
* ¿Cuáles son las habilidades y dones que podrías desarrollar al trascender tu mayor dolor? Por ejemplo: Una persona que ha experimentado la carencia, si lo elige, podría dominar la ley de la manifestación, para crear abundancia en su vida de forma consciente. En lo personal, aprendí a transformar mi inseguridad; ahora podría decir que la autoconfianza es una de mis mayores fortalezas.
* ¿Qué eliges hacer a partir de responderte estas preguntas?.

Estás aquí para encontrar respuestas y la buena noticia que te tengo es que por el puro hecho de tomar consciencia de esta situación, habrás dado pasos agigantados. Sin embargo, un proceso de *coaching* o terapia potenciará en ti la posibilidad de volverte tú el Maestro de tus circunstancias, trascender tus retos y manifestar la realidad que conscientemente eliges vivir. Un proceso de toma de consciencia te permitirá comprender que tu vida en este plano te brinda la oportunidad de transformar:

La percepción de abandono en el reconocimiento de la **libertad** de elección de las demás personas, te permitirá tomar las riendas de tu vida, para evitar abandonarte y así jamás tendrás que repetir la experiencia. Reconocerás que la ley del perdón sólo aplica para ti y los acuerdos espirituales que hiciste con determinadas personas, para permitirte aprender. Las personas que te han mostrado la experiencia del abandono te están enseñando que no te permites definir tus objetivos, ser libre de elegir, de expresar y de vivir los deseos de tu alma.

La inseguridad que impregnó tu consciencia, tiene como finalidad activar el **recuerdo de tu dimensión divina**, así como de la confianza infinita de la inteligencia perfecta y eterna que te da la vida y que guía tus pasos. Esta experiencia te está incentivando a crear estados de paz y alegría, que permitan a la inteligencia divina manifestarse a través de ti, para reconocer que no hay nada que no puedas lograr o experimentar en este plano.

La adicción te enseñará a lograr tu **libertad** a partir de la expresión de lo que piensas y sientes y manifestar así la realidad armónica y consciente. Es la oportunidad de abrir las compuertas que han obstaculizado la libre expresión de un dolor acumulado por generaciones, hoy disponible para transformarse en amor, salud, arte, proyectos o en cualquier posibilidad de ser feliz.

La carencia será el maestro que te permita recuperar tu derecho divino a vivir en la abundancia, la prosperidad e incluso lograr la **maestría de la precipitación**. Será suficiente con que adquieras un gramo más de fe, para que la experiencia bien haya valido una vida de aprendizaje.

La pérdida activará en ti la **consciencia de eternidad** en este universo, nada se pierde, pues la muerte no existe. Sólo existen los cambios de ciclo.

Dejar de esperar que las fuentes del amor y el reconocimiento sean externas, te permitirá **amarte incondicionalmente**. ¿Eres capaz de amarte y honrarte más allá de las decisiones de los demás o a pesar de que no te amen? Si así fuera, podrías amar verdaderamente a los demás y permitirles aprender a no tener expectativas de ti, a no ser tú la fuente de su bienestar o su felicidad. Derrumbar las máscaras con las que pretendemos ser buenos, impecables o perfectos, permitirá a otros activar sus propias maestrías y por lo tanto su evolución.

No naciste para ser víctima de tus circunstancias, naciste para recordar tu poder de crear conscientemente tu realidad. Y así, cada una de estas experiencias es una oportunidad de trascender el único problema que nos caracteriza a todos: **El olvido de nuestra divinidad.** Cuando tomas consciencia y asumes las riendas, estás cumpliendo tu rol en el plan evolutivo de este universo, estás contribuyendo a que las futuras generaciones de tu sistema familiar eviten la repetición de estos programas. ¿Observas la gran oportunidad frente a ti? **Entonces haz lo que te toca y así nos ayudas a todos:** Xavier Pedro Gallego.

Y ahora, ¿por dónde empezar?. ¿Cómo puedo convertirme en mi propio Maestro y trascender el aprendizaje desde el dolor?

¿Has logrado identificar a tu Maestro?. Si lo has hecho, te felicito. A mucha gente se le pasa de largo la vida sin haberlo nombrado o hecho consciente. Si no has logrado identificarlo, no te preocupes, es un reto que no necesariamente se resuelva con una lectura.

Si has logrado o no, nombrar a tu Maestro te invito a realizar tu propio viaje interno, a través de una sabiduría que nadie puede atribuirse como autor, pues nos pertenece a todos: **Los cuatro elementos de la naturaleza.** Los primeros postulados de este modelo son atribuidos a diversos filósofos como son: Tales de Mileto, Anaxímenes, Heráclito, Jenófanes y Empédocles.

Una sabiduría que se encuentra en prácticamente todas las culturas ancestrales y nos aporta valiosas claves y prácticas para la superación de nuestros mayores dolores, para el logro de la plenitud y la recuperación del poder creativo. Las prácticas que te propondré realizar a partir de ahora, te permitirán llegar al Centro del Laberinto y vivir la Ley del Equilibrio. Te permitirán consolidar **la espada mágica de la voluntad,** como la que usó Teseo en su experiencia.

Cada que vez que se presente ante ti tu Maestro, tendrás más fortaleza si cuentas con un propósito y el orden que te brinda el elemento **Tierra**; con la flexibilidad y la capacidad de disfrutar la vida que nos aporta el elemento **Agua**; con la acción determinada del elemento **Fuego**, así como la creatividad y capacidad de renovación del elemento **Aire.**

Como puedes observar, cada elemento de este modelo es un estado de consciencia que nos permite activar habilidades dormidas, así como fortalecer y equilibrar aquéllas que conscientemente reconocemos como talentos.

Es un camino muy simple, pero no te puedo prometer que sea fácil. De hecho, lo considero un acto heroico. El arte de vivir en el eterno presente.

Este modelo es la base de muchas teorías psicológicas y diversos instrumentos de diagnóstico. Se ha convertido en un método de solución creativa de problemas, en un mapa para la integración de equipos, en una teoría que nos permite identificar posibles causas de problemas de relación o diagnosticar necesidades de capacitación. Este es el origen de los modelos más efectivos del estudio del comportamiento, cambio y desarrollo organizacional.

Su experimentación nos ayuda a sanar el cuerpo y el alma. En lo más simple se encuentra la sabiduría inconmensurable.

Me he maravillado cómo este método puede ser comprendido por personas de todas las edades, con distintos niveles educativos y condiciones culturales. He llegado a reconocer que se trata de un mapa que nos muestra cómo evoluciona el alma. Te permitirá ser consciente de tus talentos o activar aquéllos que aún no has desarrollado, para lograr el balance; puedes proponerte vivir los cuatro de forma simultánea, para lograr el equilibrio y lograr tu propio desarrollo integral.

Te invito a transitar por este método, para lograr la comprensión de esta fase de tu evolución, para que abraces el plomo que te legó tu árbol genealógico, traces tu propia ruta para llegar al equilibrio y después tengas la capacidad de transformarlo en oro.

Para comenzar la exploración de sugiero observar este símbolo:

Es conocido como la Cruz Solar, un símbolo que se ha usado para representar las cuatro direcciones, los cuatro elementos, los cuatro vientos; nos permite recordar cómo la Tierra se renueva en cuatro estaciones. Rodeadas por el círculo que representa lo infinito, lo eterno, la divinidad suprema que no tiene ni principio ni fin. Es probablemente el símbolo religioso más antiguo del mundo, ésta aparece en el arte de las religiones asiáticas, americanas y europeas.

La cruz tiene una función de síntesis y de medición ya que representa los ejes principales del cosmos, el tiempo y el espacio. También es un símbolo de la unión permanente del universo, pues comunica al cielo con la tierra[2].

Desde esta perspectiva es que te invito a abordar el modelo de los cuatro elementos en el desarrollo de tu consciencia, para la consolidación de tu misión de vida. Cada elemento es una energía, un estado de consciencia, que te aporta valores y hábitos.

Alguno de los elementos está más desarrollado en ti, de acuerdo a tu historia y tus circunstancias; representa tu talento. Lo que en ocasiones dejamos de observar, es que la misma naturaleza nos invita al equilibrio. Si la Tierra sólo usara un solo elemento para su proceso creativo, se produciría un colapso.

¿No crees que eso podría estar ocurriendo en tu vida? Nos apegamos a nuestra forma de ser, de responder, de resolver, sin considerar que a través del equilibrio podríamos renovarnos, fortalecer nuestros vínculos y nutrirnos para lograr los cambios que todos anhelamos.

Los cuatro elementos están representados en ese símbolo, uno no vive sin el otro. La cruz representa "el cruce" o integración requerida para que surja la vida o la creación.

Un símbolo conecta con otro. La búsqueda del equilibrio, te llevará al Centro del Laberinto y a superar cualquier frustración.

A través de las siguientes páginas te invito a reconocer ¿Cómo viven los cuatro elementos en ti?

A descubrir tus mayores talentos y los aspectos de tu personalidad que te restan poder para el cambio.

La exploración puede iniciar por elemento que tú prefieras, pero no olvides de integrarlos todos.

¡Continuamos el viaje!

---

[2]https://santuariodelalba.wordpress.com/2016/10/28/la-cruz-solar-la-cuadratura-del-circulo/

CAPÍTULO V
EL ELEMENTO TIERRA:
EL SENDERO DEL REY

Este es siempre el primer elemento que comienzo por explicar: La Tierra. Quizá por que reconozco que es el que más me hace falta fortalecer. Como lo mencioné anteriormente, puedes estudiar este modelo, empezando por el elemento que más te atraiga. Sin embargo, comenzar por el análisis del elemento Tierra me ha permitido definir una secuencia lógica de lo que es necesario hacer para lograr dar frutos o producir una manifestación, o sea, un proyecto, un emprendimiento, un invento, una solución.

El elemento Tierra está asociado al orden, la claridad, el respeto a los límites y las jerarquías, los procesos, leyes y políticas que nos permiten establecer las bases de la armonía y el equilibrio.

He visto grandes proyectos, dirigidos por personas realmente brillantes, desbaratarse por que antes de actuar: No prepararon la Tierra. No pusieron en palabras el propósito, las expectativas que cada uno tenían, la distribución de roles, responsabilidades y las decisiones sobre la asignación de los recursos.

Observo a muchas parejas llegar a la ruptura por que antes de emprender una vida juntos no se dieron a la tarea de definir su visión compartida, anhelos, expectativas, deseos, situaciones no negociables.

Por la naturaleza de mi trabajo, interactúo con empresas que logran resultados a costa de un gran desequilibrio o terminan su ciclo en menos de 10 años. Observo a muchos líderes padecer y juzgar el desempeño de sus colaboradores, la locura de sus clientes o la ineficiencia de sus proveedores, por no clarificar expectativas. Percibo el dolor que reflejan los resultados de los diagnósticos de clima organizacional, pues el conflicto es una forma de vida; pareciera que no es suficiente el reto que nos plantea el entorno para lograr que una empresa permanezca, pareciera que al interior de las empresas la mayoría de las personas tuvieran la consigna de hacerse la vida aún más pesada, compleja y desequilibrada.

Observo que los líderes de nuestra cultura no se dan a la tarea de "preparar la Tierra", lo que significaría: Definir visiones, objetivos, procesos, planes de desarrollo, analizar la situación actual; asegurar que colaboradores y proveedores comprenden sus planes y tienen claridad de los estándares que se esperan de ellos. Preparar la Tierra es estar dispuesto a desarrollar el conocimiento y las habilidades necesarias para alcanzar los objetivos. Algo que sí hacen los líderes de las empresas europeas y norteamericanas, organizaciones que logran expandir sus fronteras, pues sus raíces son fuertes y tienen la capacidad de crecer de forma sustentable.

El mismo sentido común nos permite reconocer que quien nutre sus raíces, tiene la capacidad de crecer.

Comprendiendo este modelo, no se necesita ser un experto en psicología para reconocer en la empresa y en las relaciones de pareja siempre proyectaremos todo aquello que no hemos resuelto respecto a todo aquello que -alimenta nuestras raíces-.

¿Por qué no hemos desarrollado el estado de conciencia de la Tierra?

Algunas teorías nos permite adquirir esta comprensión y tiene que ver con todo el contenido de los capítulos anteriores: Cuando alguna vez los hijos juzgamos a los padres, ancestros o nos sentimos víctimas de nuestro origen y circunstancias, generamos un desorden de consciencia. Por lo general nos costará -trazar el surco-, como lo hace el sembrador que se dispone a producir frutos.

Nos costará definir lo que queremos lograr en la vida, desarrollaremos arrogancia o sumisión, desearemos controlar la vida de otros o no daremos un paso si alguien no nos dice qué hacer.

Por lo general nos costará disfrutar de la vida, las experiencias pueden producirnos apego, se desarrollará rigidez, desorden o una excesiva o exagerada predisposición al orden externo. Desde mi punto de vista, este elemento es el que determina que desarrollemos otros niveles de consciencia o nos mantengamos estancados en la inercia que nos lleva a replicar errores y sufrimiento.

Siempre que deseamos obtener frutos, lo primero que necesitamos hacer es tomar consciencia acerca de la tierra en la que sembraremos; debemos nutrirla y preparar los surcos para que el crecimiento fluya de forma ordenada.

Esta es una metáfora de la vida cotidiana. Los frutos son los resultados, el producto de objetivos, sueños y manifestaciones que todos anhelamos obtener y de la disciplina que ejercemos para cumplirlos. No sirve de nada actuar y tirar semillas de forma indiscriminada, si no nos hemos asegurado de contar con "buena tierra", como lo describe la parábola bíblica:

> El sembrador salió a sembrar su semilla; y mientras sembraba, una parte cayó junto al camino, y fue hollada, y las aves del cielo la comieron. Otra parte cayó sobre la piedra; y nacida, se secó, porque no tenía humedad. Otra parte cayó entre espinos, y los espinos que nacieron juntamente con ella, la ahogaron. Y otra parte cayó en buena tierra, y nació y llevó fruto a ciento por uno. Hablando de estas cosas, decía con gran voz: El que tiene oídos para oír, oiga, el que tenga ojos que vea y el que pueda comprender, que lo haga.

Esta parábola me ha permitido identificar aquellas ocasiones en las que no lograba obtener los frutos de mi esfuerzo. Tirar semillas en el camino, en las piedras o los espinos, no es sembrar. Es el equivalente a querer crear mi propia realidad: salud, armonía, paz, pareja armónica, independencia, desde el caos, el desorden interno y los paradigmas limitantes que no he hecho conscientes y que están determinando mis resultados. De esto está conformada la "primera tierra" con la que comenzamos a vivir esta experiencia y la que nos incentiva a hacer el viaje iniciático e ir en busca de la Tierra Prometida.

Quizá alguna vez has dicho o escuchado la frase: *Poner los pies en la tierra*. De forma intuitiva reconocemos la importancia de ser conscientes de la realidad que estamos experimentando, activar un estado de alerta. Quien no tiene bien puestos los "pies en la tierra", desarrolla actitudes de arrogancia, soberbia, prepotencia o en el otro extremo: servilismo y sumisión.

No sé si tú lo observes, pero las personas, grupos y culturas que viven con la predisposición de tener -los pies anclados a la tierra-, aprenden a vivir con un propósito y desarrollan la disciplina de cumplirlo. Una persona que vive consciente de su realidad, por lo general desarrolla un orden que le permite aprovechar al máximo los recursos y vivir en equilibrio. Quien vive de forma sana este estado de consciencia, sabe definir y expresar claramente sus límites y respetar los límites ajenos. Difícilmente "pierde piso". Es fácil reconocer a personas o incluso países que al desarrollar el orden, el respeto y la disciplina han obtenido progreso.

Si deseamos dar frutos: cumplir nuestros objetivos y manifestar nuestros sueños, será necesario preparar la Tierra, ¿cómo? Siguiendo las claves que te he propuesto en el transcurso de este libro. Se trata de reconocer cuál es la tierra que está alimentando el árbol genealógico del cual tú eres una rama, es reconocer de qué se alimentan tus raíces. Lo vuelvo a repetir, será necesario establecer un orden interno y reconocer que todo aquel que ha juzgado o ignorado sus raíces vive un desorden psíquico que se refleja en conflictos con la autoridad, obstáculos permanentes para crecer.

Las afectaciones al sistema óseo, especialmente en pies, piernas y columna vertebral están íntimamente asociadas a la falta de desarrollo de el estado de consciencia de la Tierra, pues es la manifestación física de las emociones que provienen del miedo. ¿Quién puede tener miedo si sabe que pisa tierra firme y sus raíces están bien ancladas?

No eres responsable de las programaciones recibidas en tu infancia. Sin embargo, como adulto, eres responsable de corregirlo todo.
Carl G. Jung.

Convertirte en "Buena Tierra", tiene que ver con -hacer lo que sea necesario- por lograr honrar y agradecer de corazón toda esta herencia ancestral.

Honrar nuestras raíces nos permitirá usar su energía a nuestro favor y comenzar a vivir la vida desde un estado de confianza básica.

¿Cómo desarrollar el estado de conciencia asociado al elemento Tierra?

Si tienes alguna dolencia, enfermedad, carencia, conflicto, no sabes cómo resolver una situación recurrente en tu vida, te cuesta lograr tus objetivos: lo reitero una vez más, **ve a investigar su origen en tu árbol genealógico y deja de andar dando tumbos por la vida, regando sin sentido las semillas de tus actos creativos,** ¡Acepta el proceso terapéutico!. El reto es que a veces es tan grande esa carga que enfrentamos gran resistencia para querer hacernos cargo: "¡Ay! no creo que mi sistema familiar tenga algo que ver con lo que me pasa", "¡Ay! no me interesa, no me late"; "no tengo tiempo ni dinero", "eso suena a superstición", "eso yo ya lo resolví". Y entonces elegimos el mismo camino, la misma inercia, el mismo resultado.

Esta resistencia tiene a una gran proporción de la población mundial anclada en el sufrimiento, el estancamiento y la rutina que resulta en la repetición de la misma historia.

1. Inicia el proceso terapéutico que más te convenza hasta que consideres que has logrado:

- Restituir y fortalecer el vínculo con tus ancestros.

- Honrar a tus padres y agradecer la vida que te transfirieron.

¿En cuanto tiempo se logra esto? Muy probablemente en toda una existencia. Es la apertura de una puerta, que nos marca un camino que no tiene marcha atrás. Es probable que cada vez que cambies de septenio en tu vida, se activen nuevas oportunidades de aprendizaje al respecto de tus raíces. He observado la experiencia de muchas personas -incluyéndome_ que comenzaron a hacer programas de estudio, ayunos, prácticas meditativas, ejercicios sofisticados, viajes externos, se han vuelto expertos en física cuántica, han usado tecnología y han hecho un gran recorrido, sin embargo no han hecho esto que te he comentado en todas estas páginas. Han iniciado el trayecto sin preparar la Tierra, lo suficiente como para evitar el surgimiento de un caos posterior. No está mal haber comenzado así; pero la experiencia me enseñó que siempre será necesario volver a lo básico.

2. Define tu propósito de vida, objetivos y metas. Este es el verdadero nutriente que te permitirá anclarte, -poner los pies en la tierra-. Este estado de consciencia es el que te permite activar la energía del rey o reina que llevas dentro, para poder reclamar tu herencia divina. Definir lo que quieres hacer de tu vida, te transforma en un adulto espiritual y no en un niño que aún vive a expensas de las decisiones que tomen por él.

En ocasiones podrás declarar un objetivo y manifestar otra realidad, totalmente inesperada, que te produce aún más felicidad que tu primer objetivo. Este no es el resultado del azar, se trata de las consecuencias de volverte un adulto y reconocer el poder que tienes de mover el campo cuántico o el destino, como elijas llamarle.

A nivel profesional/organizacional, tener claridad sobre tu plan o misión de vida te brindará la energía para dirigir la misión y estrategia de un grupo humano de forma ordenada y por lo tanto sustentable.

-"Mi propósito es vivir una vida económicamente abundante", me dijo un día un amigo. *-¿Y para qué quieres lograr eso?*, le pregunté.

> *-Para tener paz de dedicarme a lo que yo quiera. Viajar, convivir con mi familia y jugar futbol.*

> *-¡Esto que acabas de mencionar es el verdadero propósito!* Le comenté.

Esto es lo que he identificado que ocurre a las personas en el ámbito personal y laboral en la definición de un propósito. Si a ti te ocurre, te pido volver al conocimiento de los primeros capítulos, pues antes es necesario que trabajes en tu orden interno, pues si tienes miedo a la carencia, recuerda que se trata una programación de tu subconsciente. Esa creencia en la carencia te impide dedicarte a jugar futbol y todo lo que se puede hacer entorno a ese deporte. Esa creencia en la escasez te impide viajar y generar todos los modelos de negocio que pueden surgir a partir de esa actividad. Y esa creencia te podría llevar a realizar cualquier cosa, con tal de ganar dinero, aunque eso implique dejar de convivir con tu familia, dejar de jugar futbol o desequilibrar tu vida. Por lo tanto, le sugerí dedicarse al futbol y a todas las actividades creativas que ese deporte puede aportar, a ser feliz, disfrutar a su familia, a programar los primeros viajes y a desarrollar la paciencia de que se manifieste la abundancia.

Un propósito siempre está asociado a los dones y talentos que más te producen felicidad y que puedes poner al servicio del entorno, para obtener beneficios para todos, incluyéndote. Cuando operas con este eje rector, el dinero siempre llega por añadidura. Pero es el equivalente a sembrar un bosque de árboles frutales. Las programaciones primarias de nuestro subconsciente nos llevan a desear los frutos sin haber sembrado.

Una empresa que sólo busque ganar dinero, está siendo el medio de proyección de todos los temores y carencias de quienes forman parte de ella y por lo general estará destinada al fracaso. Al menos eso postulan las teorías de estrategia, pensamiento sistémico y muchas experiencias que las sustentan.

Las empresas más exitosas, a las que he visto sostenerse a pesar de las turbulencias de las crisis mundiales, siempre trabajan con los cuatro pilares del modelo:

Propósito, definición de objetivos, procesos, políticas claras: Tierra. Comunicación para la calidad de relaciones con los clientes, proveedores, cuidado del medio ambiente y desarrollo del personal: Agua. Medición del cumplimiento de los resultados, decisiones en función del propósito: Fuego. Capacidad de renovarse e innovar: Aire

Lo que he observado es que las empresas en crisis o las que están a punto de propiciarla, atrajeron a su sistema líderes que no saben que definir o garantizar el cumplimiento del propósito es su responsabilidad. Comienzan a tomar decisiones en función del individualismo y la ambición. Pierden el enfoque, sólo les interesa ganar dinero, consideran que la comunicación es una pérdida de tiempo, que la capacitación es un gasto inútil, les interesa poco la relación con el entorno o el cuidado del medio ambiente, no les interesa causar desequilibrio en la vida de sus colaboradores y proveedores. Por si fuera poco, los sistemas siempre atraen a sus similares: clientes que los tratarán de la misma manera y colaboradores sin propósito. Después se preguntan por qué la gente es tan mediocre, tan conflictiva, envidiosa, irresponsable: Por puro encaje de frecuencias, por pura ley de atracción.

3. **Define límites de respeto para tu persona y evita infringir los límites ajenos.** Es el monarca el que define cuáles son los límites de su reino, qué es lo que está permitido y qué es lo que no es negociable. ¿Cuál es el tono de voz al que puede hablarte la gente?. ¿Pueden irrumpir en tu reino para agredirte de forma física o emocional?. ¿Puede cualquiera disponer de tus recursos?. ¿Tiene permitido el entorno faltar al respeto a tu trabajo, tu tiempo o tu servicio?. ¿Permites que tu aportación, trabajo o servicio no sean reconocidos?. ¿Infringes los límites de respeto en la vida de otras personas?. ¿Crees que tienes el derecho de determinar el rumbo de la vida de otras personas con el pretexto de que las amas o les pagas? Si no comenzamos por respetarnos a nosotros mismos, será

imposible desarrollar los demás estados de consciencia.

4. Estudia, actualízate, aprende algo nuevo permanentemente. Este es el estado de consciencia del conocimiento, el orden y el propósito. Aun cuando el aprendizaje se puede desarrollar de forma intuitiva, quien desea contar con bases firmes para crecer más allá de los límites, también estudia, se prepara, se vuelve el mejor que aquello que produce y comparte. No tener interés por leer, aprender, estudiar, observar, escuchar, completar los estudios puede tener que ver con implicaciones familiares, asociadas al vínculo paterno. En los foros mundiales de la actualidad se ha llegado a concluir que el conocimiento es el nuevo dinero del tercer milenio. ¿Qué vamos a hacer con esto en nuestros países donde no queremos leer, estudiar, ni especializarnos?, ¿cuál es la historia que tú vas a escribir?

5. Aprovecha al máximo los recursos, la energía es ilimitada, eterna y sagrada. Cuando hablo de recursos y energía, me refiero al dinero, alimentos, el agua, los residuos, el tiempo etc. Desperdiciar los recursos habla de caos e inconsciencia.

Todos sabemos que las fugas siempre tendrán como resultado el desorden y la carencia. Esta es una forma muy práctica de revertir las programaciones subconscientes: siendo consciente de todo aquello que desperdicias y tomando decisiones para revertir las fugas.

6. Cumple tus promesas. Todos sabemos que la confianza se desarrolla cuando las personas somos capaces de cumplir nuestras promesas y acuerdos. Tu palabra es la vía a través de la cual vives la premisa de estar hecho a imagen y semejanza del creador. Cada vez que hablas, creas. ¿Has reflexionado entonces sobre el impacto de no dar importancia a tus palabras y promesas y acuerdos?. ¡Cada vez que hablas, declaras

algo, prometes, sin consciencia: colapsas tu universo! Para desarrollar el poder creativo necesitamos volvernos personas confiables para nosotros mismos y para el entorno; es así como la impecabilidad de nuestra palabra queda grabada en el libro de la vida y el universo entero comienza a responder a nuestros decretos.

7. Vincúlate con la Madre Tierra, camina con los pies descalzos de 10 a 15 minutos al día en la tierra, pasto, piedras. Permite que la madre tierra transmute tus cargas y te nutra con su poder sanador. Esta práctica te permitirá realizar un proceso de reflexología natural, estabilizará tu sistema digestivo, circulatorio, alineará tu frecuencia energética a la frecuencia del planeta y podrás desarrollar un estado de mayor atención y alerta. Experimentarás el poder sanador de la Madre Tierra, a través de la liberación de las cargas energéticas: emocionales, mentales y físicas.

El elemento Tierra o Código del Rey en nuestra personalidad

- Las personas que tienen más desarrollado este estado de consciencia, por lo general caminan erguidos.

- Su predisposición corporal proyecta autoridad y respeto.

- Al caminar con "los pies en la tierra", es raro que tropiecen.

- Cuentan con una mayor habilidad para desarrollar hábitos, pues son capaces de vivir la disciplina, orden y limpieza.

- Han logrado definir un propósito que abarca todos los aspectos de su vida.

- Así como la Madre Tierra, son perseverantes, viven los ciclos desde la sabiduría de la paciencia.

- Terminan lo que inician.

- Saben lo que quieren, siguen un plan, analizan sus decisiones.

- Planean, aprovechan los recursos, son precisos, distribuyen adecuadamente los roles y las responsabilidades.

- De acuerdo al propósito que han definido, cumplen con su rol. Evitan asumir roles que no les corresponden como el de héroe o salvador. Permiten a cada uno vivir su experiencia, y propiciar su aprendizaje.

- Programan el cambio, de la misma forma que el Planeta cambia de estación.

- Tienen la habilidad para dividir tareas, enfocarse en procesos, aplicar métodos y políticas que generen orden.

- Viven los valores que nos llevan a vivir en armonía

- Estudian, desarrollan teorías y conceptos.

- Saben establecer límites para vivir en equilibrio y respeto.

Cuando este estado de consciencia se desarrolla sin equilibrio.

- Se produce demasiada rigidez corporal o inflexibilidad.

- No admiten un punto de vista diferente al suyo.

- Dicha rigidez proyecta una actitud de prepotencia.

- Desarrollan una obsesión por el orden externo.

- Reconociendo que la rigidez viene de la mente y las emociones basadas en la testarudez, en ocasiones se manifiesta de forma corporal a través de problemas en las articulaciones, los pies o la columna vertebral.

- Tienen la tendencia a imponer puntos de vista, políticas, hábitos disciplinarios por encima de los resultados o el bienestar de las personas.

- Se apegan al pasado o a la creencia de que todo lo que se hizo antes fue mejor.

- Evitan tomar riesgos, se quedan atrapados en sus propios límites.

- Ejercen control, propiciando desmotivación y estancamiento.

- Viven para cumplir políticas y no para propiciar experiencias enriquecedoras o resultados.

- Pueden caer en la "parálisis por análisis", actitudes de necedad y testarudez.

- Son vulnerables a caer en el dogmatismo, fanatismo y posturas radicales, que generan conflictos e incluso guerras.

Cuando definitivamente no se ha desarrollado:

- La postura de las personas que no han

desarrollado la consciencia de la Tierra proyectan sumisión.

- Tienden a tropezar, caerse, derrapar, chocar.

- Desarrollan afectaciones físicas en los pies y la columna vertebral.

- Viven desde el caos, el desorden, la mugre, el incumplimiento.

- Dejan ciclos abiertos.

- Actúan con impulsividad.

- Les da miedo el cambio, lo viven desde el desequilibrio.

- Permiten faltas de respeto a su persona o a lo que más valoran.

- No se permiten aprender, estudiar, actualizarse. Lo hacen a menos que alguien los obligue.

- Son incapaces de tener orden, cumplir reglas, desarrollar hábitos que produzcan armonía y equilibrio.

Sugerencias terapéuticas para desarrollar el estado de consciencia de la Tierra.

- Realizar una terapia de Constelaciones Familiares, Bioneuro-emoción, así como la Biodescodificación de la memoria celular.

- Realizar prácticas de las culturas ancestrales.

- Estudiar y potenciar tus talentos, a través del conocimiento.

CAPÍTULO VI
EL ELEMENTO AGUA:
EL SENDERO DEL MAESTRO

Una vez que hemos preparado la Tierra, la hemos nutrido, hemos alineado los surcos, hemos sembrado las semillas, tenemos que hacernos cargo del Agua como elemento indispensable para que el trabajo tenga sentido y podamos obtener los frutos. ¿De qué sirve que todo se encuentre perfectamente claro y ordenado si no nos comunicamos o si no disfrutamos la experiencia?.

Y todo nos lleva al mismo lugar: Es en el Agua de nuestro organismo en donde se almacenan las memorias del sistema emocional y de creencias que ha prevalecido en tu sistema familiar. Nuestro torrente sanguíneo es como el océano en el que fluyen nuestras emociones permanentemente.

¿Eres consciente de tu estado emocional?. ¿Alguna vez has sentido que las emociones te rebasan, como cuando una ola de mar te va a revolcar?. O quizá son cómo un océano en calma. ¿Has sentido que te hierve la sangre?. ¿Qué impacto tienen tus estados emocionales en tu vida?. ¿Cuáles son los más predominantes en tu interacción?. ¿Te llevan a disfrutar, a agradecer y vivir de manera fluida?. ¿Es tu experiencia un valle de angustia, resentimiento, tristeza, envidia, vergüenza, exigencia, entre otras?. ¿Eres una persona con la que se puede colaborar y construir?

Nos decimos seres racionales, pero en realidad somos seres emocionales. Si fuéramos racionales cumpliríamos las reglas, usaríamos métodos, aplicaríamos el conocimiento científico, religioso, económico, político que supuestamente nos llevaría a vivir mejor. Sin embargo, en los momentos cruciales, son nuestros impulsos emocionales los que nos llevan a actuar y todo esto es producto de no haber desarrollado el estado de consciencia asociado a la Tierra y haber logrado el orden interno del que tanto hemos hablado.

La física cuántica nos ha brindado la comprensión de que el pensamiento humano proyecta señales eléctricas que modifican nuestro campo energético y el del entorno. A su vez, las emociones emiten señales magnéticas que nos hacen atraer experiencias similares o de la misma frecuencia energética a lo que pensamos y sentimos. **Para ser más clara, vivirás las experiencias similares a la emoción que te permitas sentir.**

Entonces ¿Observas de qué manera impacta en ti el estrés de la vida cotidiana?. ¿Será efectivo propiciar que los colaboradores de una empresa vivan en la emoción del miedo o el enojo?. ¿Será saludable que nos permitamos vivir estas emociones en el núcleo familiar?. Ya se ha comprobado que las emociones que acabo de mencionar propician descargas bioquímicas que intoxican el cuerpo físico y energéticamente magnetizan, atraen, propician experiencias similares.

Las empresas comienzan a medir el clima organizacional, que no es otra cosa que la medición del estado de ánimo de quienes forman parte de ella, a partir de sus interacciones. Las emociones son el motor que lleva a un ser humano a lograr o no un objetivo. ¿No te resulta ilógico que aún existan líderes que gestionen a través del miedo o el enojo? Lo único que ocurrirán serán soluciones de corto plazo, produciendo un gran desgaste y deterioro de todo lo que forma parte de esa organización. ¿No te resulta absurdo que propiciemos estas interacciones en la convivencia familiar?. ¿Observas la importancia de que una mujer embarazada viva estados de ánimo de alegría, armonía y paz?

Hoy, como nunca antes, contamos con innumerables posibilidades de desarrollar la inteligencia emocional. Para comenzar te sugiero que te des a la tarea de conocer y analizar su significado, observes cuáles son las emociones predominantes en tu vida y te des a la tarea de transformarlas. Es importante que reconozcas que las emociones diseñan y se contagian. Para cumplir con tu propósito o misión de vida tendrás que ser consciente de las emociones que estás experimentando, pues eso determinará que te atrevas a diseñar acciones e incluso tu estado salud.

Existen innumerables emociones, te invito a explorar todas las teorías a través de los libros de Louise Hay, Fred Kofman, Norberto Levy.

Lo importante es que te interese desarrollar esta consciencia y reconocer que **tus resultados siempre serán de la misma naturaleza que la emoción que los propició.** Te invito a observar tus mayores tropiezos o los proyectos en los que no obtuviste el resultado que esperabas; si reflexionas, identificarás las emociones que lo determinaron todo.

El que siembra, cosecha. ¿Te gustan tus resultados?, perfecto, quiere decir que sembraste lo correcto. ¿No te gustan tus resultados? Es momento de preguntarte: ¿Qué has sembrado especialmente en términos de pensamientos y emociones.

¿Cómo desarrollar el estado de conciencia asociado al elemento agua o código del maestro?

1. **Realiza una actividad creativa:** pintar, danzar, escribir, tomar fotografías, cocinar, hacer jardinería, carpintería, reparar, restaurar objetos, realizar manualidades, hacer deporte o artes marciales. Esto nos permite silenciar el caos de la mente y con esto tus células están reprogramando la información heredada de tu genealogía. Como lo comenté en párrafos

anteriores estarán enviando señales nuevas a tu cerebro, estarás modificando la inercia de los "pensamientos de siempre", por lo tanto te encontrarás experimentando nuevas emociones y cambiando la bioquímica de tu cuerpo y, por lo tanto, creando nuevas realidades. Mucha gente ha logrado revertir enfermedades, tan sólo con incorporar en su vida hábitos creativos.

2. Meditar, silenciar la mente. Pretender meditar sin haber logrado el orden interno del que hemos hablado, podría resultar una tortura; intentarlo de esa forma, podría reforzar la frustración y como consecuencia abandonar tu intención de realizar esta práctica. Te sugiero usar la meditación como una práctica adicional al proceso terapéutico que elijas. Además te sugiero, antes de una meditación, realizar una práctica que libere tu mente: ejercicio, yoga, danza, etc. Para meditar no necesitamos ropa especial, posturas, ni templos. El espacio más adecuado que he identificado es el silencio de mi casa o un jardín. Si acompañas el acto meditativo del contacto con la naturaleza y la actividad creativa que más te agrade, más se te va a facilitar "guardar silencio de mente y emociones". ¿Cómo me doy cuenta de que he meditado?, por el estado de bienestar que percibes, por el sentimiento de paz que surge o por que se manifiesta en una idea o inspiración. El estado emocional que ocurre después de hacer yoga o cualquier actividad física, rutinas de respiración, canto de *mantrams* o frecuencias de sonido como las vocales, contribuyen al silencio mental que te ayudará a lograr estados meditativos que fortalezcan tus funciones cerebrales.

3. Nutrirse: Recuerda que no sólo de pan vive el hombre. Este elemento nos permite comprender que cualquier estímulo del entorno queda grabado en el Agua que contiene nuestra memoria celular y pasará a ser contenido de nuestra mente subconsciente. Por lo tanto, este estado de consciencia te invita a identificar: ¿Cuál es el contenido de tu conversación interna?. ¿Cuál es la calidad de tus conversaciones con otras personas?. ¿Qué tipo de películas, libros, música alimentan tus células?. Esta reflexión te permitirá comprender por qué en ocasiones tu vida se parece al drama de las películas, telenovelas y libros y conversaciones que permitiste que ingresaran a tu realidad. No te preocupes tanto por el contenido de las conversaciones de la gente a la que calificamos como "negativa". No son esas conversaciones las que te afectan o te intoxican, son las que llevas a cabo tú.

4. Lo que ocurre es lo perfecto. Si observamos el fluir de un río, podemos observar que el Agua no resiste ninguna experiencia, simplemente sigue su curso hacia su meta, que es el mar. Este estado de consciencia te invita a reconocer que cada acontecimiento en tu vida es la manifestación de una maestría configurada por ti, desde tu espíritu. La maestría del Agua te invita a observar todo como una oportunidad de aprendizaje, a experimentarla desde el sentimiento de gratitud, pues detrás de cada situación cosecharás los frutos de un gran aprendizaje, cuyo libre flujo te trasladará a un nuevo escenario, más armónico y equilibrado.

5. Cerrar ciclos. ¿Cómo saber que tienes un ciclo abierto? Cuando identifiques apego o rechazo hacia una situación, cuando la tristeza, el enojo o el agotamiento que ambas emociones producen, te impida llevar a cabo cambios armónicos en tu vida y tu entorno. Cuando un acontecimiento pasado siga dominando el foco de tu atención. Cuando percibas que mucho de tu poder de acción está siendo drenado por una experiencia o persona, por la cual consideras que no puedes ser feliz, que te quita el ímpetu por vivir nuevas posibilidades de transformación. Entonces tienes un ciclo abierto. Te invito a hacerte cargo de esta situación antes de que se convierta en una adicción en ti o en tus descendientes.

6. **Desarrollar la sabiduría de vivir momentos de incertidumbre.** Querer tener todo el tiempo, todo claro e intentar controlar todas las variables es una de las grandes barreras para el aprendizaje y uno de los estados de consciencia más extenuantes que propician conflictos. Lo que acabo de describir es el estado de consciencia llamado miedo y es el origen de la enfermedad, el conflicto, la guerra y todos los grandes dolores de la humanidad. El elemento Agua te invita a desprogramar este estado de consciencia, sigue las señales, tomando riesgos calculados. Realiza un viaje, conoce personas nuevas, atrévete a vivir en la espontaneidad en determinados momentos; toma el riesgo de aprender algo nuevo, inicia un proyecto, aprende a fluir y a amar todo aquello que se presente.

Permite la libre expresión de las demás personas, escucha nuevas aportaciones, participa en la construcción de soluciones colectivas.

7. Dedicar tiempo a honrar a tus antepasados. Observa tu árbol genealógico desde la gratitud por la vida, reconoce y honra que las decisiones de tus antepasados te permitieron nacer y eso es más que suficiente. Agradece la herencia genética y las oportunidades de evolución que tu linaje brinda para ti. Evita juzgar sus experiencias o errores, por incomprensibles o aberrantes que te parezcan. Ellos tomaron las decisiones que pudieron sostener, de acuerdo a los recursos con los que contaron en su momento. Aunque no los comprendas, gracias a ellos estás aquí.

8. Trátate como tratarías a la persona que más amas en el mundo. Esta es la mejor forma de propiciar cambios armónicos y equilibrados. Comencemos por ser conscientes de esta premisa, pues nadie puede dar lo que no tiene. ¿Cómo podemos pretender hacer por otros, lo que no estamos dispuestos a hacer por nosotros mismos?.

Cualquier expresión de amor hacia otros, que no se encuentre fundamentada en un profundo amor por ti, podría convertirse en un vínculo de co-dependencia.

9. Comparte lo que sabes. Una vez que hayas recibido información, experimenta, enriquece el conocimiento y transmítelo. Esto incrementará tu nivel de especialidad. Esta es una de las mejores formas de fluir con la evolución del Universo, así se comporta el microcosmos.

Una célula, independientemente de su tipo, por lo general siempre realiza una función fundamental: transmitir su información genética a la nueva generación de células. ¿Cuánta gente identificamos que lastima, roba, mata, vive en la carencia?. ¿Cómo se va a resolver? Cuando surjan personas que en vez de ofenderse, sentirse vulnerables o víctimas, estén dispuestas a enseñarles cómo vivir diferente.

El elemento agua en nuestra personalidad:

- Las personas que tienen más desarrollado este estado de consciencia, por lo general se desplazan con fluidez y flexibilidad.

- Su predisposición corporal proyecta calidez, confianza y apertura. Caminan con ecuanimidad, conscientes de sus posturas, pero también observando al entorno, manteniendo el contacto visual, expresando amabilidad. Son las personas que saben abrir puertas y ceder el paso para otros.

- Sus objetivos están enfocados a lograr resultados, aprendizaje y bien común.

- Tienen la capacidad de ser líderes, porque ganan el respeto y la autoridad de las personas en su entorno.

- Se enfocan mucho en mantener el equilibrio a través de la comunicación y la comprensión de las necesidades de los involucrados.

- Tienen la habilidad de construir con otros, bailar, conversar, participar en grupos musicales, artísticos, trabajan en equipo y su enfoque está en la colaboración.

- Así como el Agua, son capaces de fluir, nutrir, limpiar para mantener un entorno armónico.

- Evitan quedarse apegados a los obstáculos y siempre buscan soluciones.

- Propician la participación y la colaboración para proponer cambios.

- Su prioridad es el respeto, la armonía y el bienestar de todos.

- Comparten lo que saben.

Cuando este estado de consciencia se desarrolla sin equilibrio.

- Cargan con responsabilidades que no les corresponden.

- No tiene objetivos o aspiraciones personales. Vive sólo en función de lo que los demás definen.

- Sobreprotegen a la gente de su entorno, impidiendo su aprendizaje.

- Les parece egoísta tomar decisiones en beneficio de su persona.

- Pierden de vista su propósito, porque sus emociones se encuentran exacerbadas: culpa, miedo, resentimiento, tristeza, etc.

- Evaden el conflicto y por lo tanto, evitan que se propicie el aprendizaje.

- Se expresan con desbordes emocionales, fundamentados en el victimismo.

- Deja ciclos abiertos, desarrollando apego y resentimiento.

- Invalida su experiencia y sus puntos de vista.

- Las opiniones y expectativas de los demás afectan su autoestima.

- Se siente afectado por las decisiones de

los demás, se toma todo de forma personal.

Cuando definitivamente no se ha desarrollado:

- Se vive con miedo, culpa, vergüenza o asumiendo responsabilidades que no les corresponden. Físicamente esto se manifiesta a través de problemas en la columna vertebral, dolor o deformación de pies, desarrollo de protuberancias en la espalda, que llamamos "joroba", problemas de cadera y/o articulaciones.

- Se vive en el resentimiento, el miedo, apego, celos.

- Las emociones no expresadas se manifiestan en el cuerpo físico a través de la enfermedad.

- Tienen tendencia a desarrollar la adicción a: sustancias, bienes materiales, personas, trabajo, sexo, reconocimiento, poder.

- Permanentemente se desvían de lo que habían dicho que iban a lograr.

- Lo que era fácil de resolver, lo vuelven complejo.

Sugerencias terapéuticas para desarrollar el estado de consciencia del elemento Agua.

- La Terapia de Flores de Bach influye directamente en el cuerpo emocional, habilitándonos para emprender procesos más profundos del desarrollo de la consciencia.

- Realizar prácticas reflexivas sobre las emociones que nos mueven a actuar.

- Aprender a dar y recibir Reiki

- Práctica de Tai Chi, yoga o artes marciales como el Aiki-do

- Realizar prácticas de depuración del cuerpo físico: nuevos hábitos alimenticios, ayunos, lavados de colon e intestinales, etc.

- Realizar prácticas artísticas: Danza, música, pintura, escritura, escultura, así como procesos creativos como jardinería, decoración, cocina, restauración.

CAPÍTULO VII
EL ELEMENTO FUEGO:
EL SENDERO DEL GUERRERO

Vivir los dos estados de consciencia anteriores, podría representar ya una gran victoria para la humanidad. Ya estaríamos hablando de grupos humanos que fueron capaces de trascender diversos patrones de limitación heredados de generación en generación, desde hace milenios y fueron capaces de disfrutar y agradecer la existencia. Sin duda, representaría un gran salto cuántico en la evolución. Sin embargo, aún hay más: el estado de consciencia de aquéllos que eligen transformarse, al asumir totalmente las riendas de sus vidas, **contribuyendo así a la transformación del entorno.**

No se trata del fuego que incendia y devasta todo a su paso. Se trata del elemento que recibimos de la luz solar, una vez que hemos preparado la Tierra a través de la claridad y el orden, hemos aplicado el Agua a través de la comunicación, la flexibilidad y el respeto, pareciera que de forma mágica surgen las flores y los frutos: los resultados.

En este estadío de consciencia se exige disciplina, alerta permanente, rigurosidad. Este es el elemento de la gente que en las organizaciones logra los resultados, sin poner pretextos. El de la gente que termina lo que empieza, que cierra los ciclos y es capaz de propiciar cambios positivos en el entorno.

¿Cómo desarrollar el estado de conciencia asociado al elemento Fuego?

Lo primero que distingue a un guerrero es que tiene perfectamente claro qué quiere lograr en la vida y ha tenido la capacidad de **transformar esos deseos en objetivos.** La diferencia entre alguien que se encuentra en este estado de consciencia y cualquier otra persona, es la impecabilidad de cumplir los acuerdos que ha hecho consigo mismo. No hay objetivos mejores que otros, ni más importantes. Lo importante es que surjan de tu corazón y activen en ti la alegría por esta existencia, el amor al servicio de la humanidad y la conexión con un poder superior que nos crea y nos sostiene.

1. Prestar atención, el único momento en el que la vida transcurre es en el presente. ¿En qué medida tu atención está anclada al pasado?. En la apariencia de que todo lo que ha ocurrido es mejor que lo que vives ahora o quizá tus anclajes estén en el dolor, la pérdida y la lamentación. O por otro lado, ¿Qué tanto el foco de tu atención está centrado en lo que vendrá, lo que esperas que ocurra?. Esto es armónico mientras no caigas en estados de ansiedad y estrés. Quien vive en el estado de consciencia del Guerrero, sana su pasado viviendo impecablemente su presente. Co-crea el futuro y vive la emoción de haberlo consolidado, también desde el tiempo presente. Por ejemplo, una persona que anhela vivir unas vacaciones, en este estado de consciencia, se propone experimentar las emociones que sentiría durante dichas vacaciones: alegría, gratitud, paz hasta que logra manifestarlas. Una persona en el estado de consciencia del Fuego reconoce que son las emociones las que activan el poder magnético para atraer todo aquello que desea en su vida. Un Guerrero es aquella persona que no se espera a que le den indicaciones o que las circunstancias lo obliguen a tomar decisiones; por iniciativa propicia las acciones que le permitirán crecer y mejorar las condiciones de su entorno. Quien vive en el estado de consciencia del Fuego, anticipa los cambios que vendrán y actúa. Un guerrero sabe que para vivir en la abundancia tendrá que depurar su mente subconsciente de los paradigmas limitantes y asume dicha depuración, sabe que los cambios primero se dan de forma interna, pues de lo contrario la libertad jamás se manifestará. Sabe que los cambios no se dan leyendo teorías o contemplando cómo otros cómo lo hacen.

Un guerrero, al igual que Teseo, se atreve a experimentar el recorrido del Laberinto.

Reconoce que para vivir en libertad, debe abandonar la zona de confort; esa es la verdadera batalla.

Si enfrenta la experiencia de enfermedad, asume con audacia el viaje interno, para identificar las implicaciones en su sistema familiar y su mundo subconsciente; se hace cargo de las emociones que rebasaron su mente consciente y asume la lección con responsabilidad y audacia, independientemente del resultado.

2. **Responsabilidad Incondicional.** Un guerrero saca de su vocabulario las frases como: Me pasó, me enfermé, me hicieron daño, no sé, no puedo, no merezco, no tengo. Un guerrero reconoce que, en esta experiencia, estamos ejecutando el diseño de un plan divino pactado en los campos de creación superior. Que los "aparentes enemigos" son actores de un guión previamente diseñado y reconoce el amor espiritual de aquél que cumple el acuerdo con

impecabilidad: al no amarnos, abandonarnos, maltratarnos, mentirnos, llevarse nuestros recursos, llevar a cabo injusticias, abusar de nosotros o de nuestros seres queridos, inclusive matar a quien amamos. Puede resultar absurdo, se trata de un paradigma muy poco abordado y aceptado. Este es el tipo de experiencias que verdaderamente curten el alma. Un guerrero sabe que detrás de cada una de estas experiencias hay una oportunidad de transformación y trascendencia de creencias limitantes, que si la asume, producirá grandes victorias en su avance y éste es el único propósito de un guerrero: evolucionar y contribuir con la evolución del entorno, evitando repetir las experiencias de dolor.

Si vive la experiencia del conflicto externo, realiza el viaje interno para reconocer el origen y el acuerdo espiritual que hizo con quien sostiene esa discordia; resuelve el conflicto emocional y actúa, **tomando decisiones armónicas para ambas partes.**

3. No lamentarse: Un guerrero sabe que su lenguaje crea la realidad. A las palabras jamás se las lleva el viento, las palabras emiten frecuencias que modifican el campo cuántico en su organismo y en el entorno. El guerrero reconoce que si se permite articular discursos de víctima está configurando un universo carente y está intoxicando su cuerpo.

4. Exigir un buen trato: ¿Cuáles son las señales de maltrato que te da el entorno?. ¿Cuál es el tono de voz al que te puede hablar la gente?. ¿Enfrentas maltrato físico o psicológico?. ¿Existe alguien que controla tu tiempo, tus decisiones y tus recursos?. ¿Cuáles son las primeras decisiones que tendrías que tomar, que le muestren a tu alma y a tu espíritu que estás comenzando a amarte o por lo menos a tratarte bien?. ¿De qué forma te puedes convertir tú en la persona que mejor te trata?. Recuerda que toda señal de maltrato externo, es el indicador del maltrato interno que ejerces en ti.

5. Comunicarse efectivamente. En el sendero del desarrollo humano y espiritual es muy común encontrar gente que permanentemente lee, toma cursos, realiza ejercicios, decretos, meditaciones, rituales, dietas, constelaciones, horas de diván, entre otras actividades; sin embargo, su vida no da el giro que esperan pues olvidan que el cambio se da a través de la acción. La acción se da a través de la comunicación efectiva, ¿de qué? de tus objetivos, decisiones, sentimientos, inquietudes; de la solución armónica de tus conflictos, de la construcción de vínculos de colaboración a través del diálogo. De poco nos sirven los conocimientos y prácticas, si no las llevamos a la vida cotidiana para resolver lo esencial. Le he escuchado a Rafael Echeverría una frase que me permite resumir esta reflexión: la verdadera transformación sólo se da en la relación con otros. Si lo que deseas es irte a la cima de una montaña a vivir una vida espiritual, te sugiero hacerlo una vez que hayas logrado resolver tus vínculos de error con la gente de tu entorno, de lo contrario, su carga te seguirá por lejana que se encuentre tu montaña.

6. Un guerrero cumple su palabra. En la vida cotidiana es fácil reconocer que una persona que cumple su palabra es confiable. En la antigüedad, se conocía a los Esenios como los hombres y mujeres más admirados, entre otras cosas porque "hacían lo que decían" pues reconocían que ésta es la clave para mantenerse sanos y con vitalidad. Eran capaces de curar enfermedades con el poder de su palabra, pues como es arriba es abajo. El universo siempre se reconfigura a través del lenguaje humano, pero sólo mueve su energía de forma armónica, a partir de la palabra de quien es confiable. Un guerrero no le encuentra sentido a la infidelidad, a la mentira o al doble discurso, pues tiene un propósito claro. Si identifica que es momento de cerrar un ciclo, tiene el valor de hacerlo con impecabilidad, confiando que los involucrados tendrán la capacidad de ejercer o despertar su poder personal, para asumir sus decisiones.

7. Conservar el sentido del humor. Un guerrero sabe que en la alegría y el entusiasmo están las mayores fuentes de poder. Así venció el Rey David al Gigante Goliat. Es desde la predisposición de la alegría que saldremos victoriosos de todos los desafíos de esta existencia. A través de la alegría propiciamos que el universo actúe a nuestro favor, la frecuencia de la alegría es de las más altas en el universo y es la que activa el campo magnético para atraer a nosotros soluciones, anhelos e incluso milagros. Como dice José Luis Parise: la energía divina jamás llegará para que te muevas, la energía divina te llega sólo por que te has movido y lo que verdaderamente mueve al universo es la alegría.

8. Amor al servicio de la humanidad. El guerrero es capaz de transformar cualquier actividad, por simple que parezca, en un acto de poder creativo. Reconoce el sentido de unidad; sabe que si lava los platos, ésa es también una oportunidad de limpiar una parte de su consciencia; si lo que corresponde es tender una cama, suya o de otra persona, reconoce que ahí durmió la misma Esencia Divina que nos da vida a todos, por lo tanto tiende esa cama con esa consciencia. Si lo que corresponde es realizar un invento, lo hace para beneficiar y facilitar la existencia de quien lo vaya a usar; si se dedica a dar un servicio, lo hace desde la consciencia del encuentro espiritual con cada persona, portadora de la esencia divina; por lo tanto, sirve a sus semejantes con la consciencia de estar sirviendo a Dios.

9. Conexión en un poder superior. Más allá de creencias religiosas, un guerrero se reconoce como parte de la Unidad, así como la gota de agua pertenece al océano. Se comunica permanentemente con la Divinidad, sin barreras y sin intermediarios. Así como la gota de agua es portadora de la esencia del gran océano, el guerrero se reconoce portador de la energía de la Fuente, respira a través de la Consciencia de Unidad, la proyecta a través de sus pensamientos y palabras y vive en gratitud el magnetismo de sus bendiciones. Así como hidrata sus células con agua, purifica su alma al dedicar parte de su día a recibir conscientemente la luz de la Fuente de Creación Superior. Sabe que este acto depura su mundo subconsciente y su mundo físico, regenera su cerebro; es así como el guerrero activa siempre su vitalidad, trasciende la creencia en la enfermedad y es capaz de despertar la consciencia de inmortalidad.

El elemento Fuego o código del guerrero en nuestra personalidad

- Las personas que tienen más desarrollado este estado de consciencia muestran seguridad y determinación.

- Su predisposición corporal proyecta entusiasmo y pasión, se desplazan más rápido que otras personas.

- Se mantienen firmes en el cumplimiento de su propósito.

- Reconocen su rol y lo cumplen con impecabilidad.

- Trabajan por amor o vocación, nunca por obligación.

- Siempre reconocen y asumen su responsabilidad en cualquier acontecimiento que ocurre en sus vidas.

- Logran resolver problemas y trascender adversidades.

- Se comunican de manera efectiva.

- Siempre buscan expandir sus límites: lograr o aprender algo nuevo.

- Mantienen el sentido del humor.

- Reflexiona permanentemente sobre sus creencias y emociones limitantes, para desafiarlas y trascenderlas.

Cuando este estado de consciencia se desarrolla sin equilibrio.

- Se vive desde el egoísmo y la ambición.

- Se deja de observar el impacto de las propias decisiones y las afectaciones al entorno.

- Produce desequilibrio en otros dominios de la vida, especialmente en su salud y relaciones.

- Le parece que el fin justifica los medios, aunque estos no resulten éticos.

- Se vuelve dictatorial y materialista.

- Sus logros se vuelve sólo de corto plazo.

- Propicia conflictos y guerras por la búsqueda exacerbada de poder.

Cuando definitivamente no se ha desarrollado:

- Se vive desde la justificación y la búsqueda

de culpables por lo que no se ha logrado, por lo que no tuvimos o por lo que no hemos obtenido.

- Surgen los victimarios y las víctimas.

- Se vive desde la sumisión.

- Se carece de iniciativa.

- Se incumplen las promesas.

- No se logran los objetivos.

- La limitación se vuelve costumbre.

Sugerencias terapéuticas para desarrollar el estado de consciencia del elemento Fuego:

- El *coaching* o cualquier proceso terapéutico que nos permita observar nuestras creencias, emociones, discursos o decisiones limitantes, para incentivar nuestra determinación a tomar decisiones.

- Las prácticas que desarrollan los elementos anteriores son el preámbulo para activar el Fuego Espiritual, que nos permita realizar cambios en equilibrio.

CAPÍTULO VIII
EL ELEMENTO AIRE: EL SENDERO DEL VIDENTE

Hemos llegado a un punto del camino en el que nos encontramos con aquello que es imprescindible para la vida. Como he escuchado en algunas ocasiones a Xavier Pedro Gallego: Una persona podría sobrevivir sin alimentos y sin agua varios días; sin embargo, se necesitan sólo minutos para que una persona pierda la vida física, por no contar con oxígeno. El Aire es imprescindible para la vida en todo momento e imperceptible por nuestra vista física, tan sólo podemos percibirlo.

Por lo tanto, este nivel de consciencia nos aporta esta sabiduría: Aquello que es esencial, no es perceptible al ojo físico. Lo que es imprescindible para renovarnos, para movilizar las viejas creencias y formas de hacer las cosas.

¿Te ha ocurrido que de repente sientes que la rutina te sofoca?. ¿Que no sabes cómo resolver una situación? Entonces te hace falta activar al elemento Aire en tu vida, te hace falta visualizar un nuevo sueño, aprender algo nuevo, investigar una mejor práctica o innovación, te haría bien realizar un viaje o abrirte a modificar una vieja forma de hacer las cosas.

La consciencia del elemento Aire, nos permite conectar con el plano sublime, nos permite comprender el impacto de los pensamientos y sentimientos, aun cuando sean invisibles al ojo físico, nos permite identificar la existencia de campos mórficos y comprender que somos individualidades que pertenecemos a la Unidad. Nos permite entender que ese mundo invisible tiene un impacto en la realidad física, que aun desconocemos.

Es la consciencia del elemento Aire, la que nos permite movilizar las viejas estructuras mentales de nuestro mundo subconsciente.

Intuitivamente todos necesitamos cambiar de "aires" cuando necesitamos reinventarnos, mejorar, innovar, tomar riesgos, decidir y para poder realizar todo esto de forma armónica. El elemento Aire te permite desarrollar el sendero del vidente.

¿Cómo desarrollar el estado de conciencia asociado al elemento Aire?

1. **Escuchar lo que dice nuestro interior.** Esta es una de las mayores maestrías a desarrollar; dada la vorágine del mundo, las prisas y el bombardeo de información al que estamos expuestos. Si a eso le sumamos las voces internas de nuestro mundo subconsciente: ¿Cómo aprender a guardar silencio?. ¿Cómo identificar si verdaderamente estoy escuchando la voz de mi espíritu y no las voces de mi ego? En los últimos años, se han manifestado diversidad de métodos terapéuticos y prácticas, que nos permiten acallar la mente. Desde rutinas de respiración, yoga, tai-chi, la práctica de artes marciales,

prácticas artísticas. Sin embargo, también funciona una caminata en la naturaleza, el contacto con un árbol, con el agua o las semillas, así como el uso de las frecuencias lumínicas que enseña la metafísica. El estado de consciencia del vidente, te invita a realizar diariamente la práctica que tú elijas, que te permita apaciguar tu mente, silenciar las voces del ego y vivir los beneficios del silencio en tu cerebro físico. Ya algunas experiencias científicas, nos permiten fundamentar, el poder regenerador cerebral que nos brinda el silencio.

Sin embargo, generar silencio no siempre nos libera de las proyecciones del ego. Te comparto en este resumen, lo que he aprendido respecto a las diferencias que existen entre la voz del espíritu y la voz del ego. ¿Cómo saber que verdaderamente estás siguiendo tu intuición?

La voz del ego

- Tiene emociones: enojo, tristeza, miedo, carencia, culpa, pasión, ansiedad, está cargada de adrenalina.

- Contiene juicios hacia ti mismo o hacia los demás, consciencia de escasez, limitación, etc.

- Se distingue por la impaciencia.

- Te incentivará al individualismo y la separación o a la falsa creencia de que tú puedes perdonar a alguien, te llevará a tomar decisiones que propicien rupturas o afectaciones a otros, aunque en el corto plazo obtengas un beneficio.

- Te quiere hacer creer especial o superior a los demás.

  Activará en ti diversos arquetipos: la víctima, victimario, el saboteador, el héroe que tiene la especial misión de salvar a otros. Te invitará a forzar soluciones.

La voz del espíritu

- La voz del espíritu se muestra a través de la paz y la neutralidad.

- Te permitirá comprender que todos somos almas en proceso de toma de consciencia, intentando recordar nuestra esencia divina y en el trayecto, cometemos errores, pero jamás juzga.

- No tiene expectativas e incentiva el respeto a los ciclos.

- Te permite reconocer que cada una de tus interacciones son acuerdos espirituales previamente diseñados por ti, para tu evolución. Por lo tanto, no necesitas perdonar a nadie, simplemente agradecer la experiencia y aprender de ella.

- Te invitará a respetar y honrar la libertad de elección de cada persona.

- Te inspirará soluciones armónicas para ti y para todos.

2. Atreverte a soñar. Este sendero es aquel que nos incentiva a desarrollar nuevas visiones, propósitos, aspiraciones y a usar nuestro cerebro como una antena de proyección. La visualización es una habilidad del espíritu de proyectar a través del pensamiento nuevos escenarios, realidades, anhelos. En este punto te invito a discernir entre la capacidad de soñar y visualizar, versus la imaginería y las fantasías del ego. ¿Cómo podemos distinguir la diferencia?

Dos ejemplos:

Vida en pareja: Cuando se trata de una imagen del espíritu se visualiza la escena de vivir en pareja, las experiencias enriquecedoras y felicidad que se tiene para compartir, lo que se anhela recibir y aprender de esa experiencia.

Cuando se trata de una fantasía del ego: se visualiza la vida en pareja para cumplir con las expectativas del entorno, para alimentar paradigmas que no se quieren cuestionar (no se pregunta si verdaderamente está dispuesto a vivir en pareja), desea evadir el miedo a la soledad, al envejecimiento, a que "se le vaya el tren"; imagina una pareja para que le dé la felicidad que no es capaz de darse, para demostrar a los demás que pudo lograrlo, para tener un respaldo económico, etc.

Libertad financiera: La proyección del espíritu no se enfoca en el dinero, visualiza las escenas finales que desea vivir, las experiencias, viajes, bienes de los cuales disfrutará, la forma en la que distribuirá el tiempo y a través de esa proyección experimenta gozo y gratitud por el momento presente.

El ego fantasea con ser rico, pues quizá ese anhelo se fundamenta en un rechazo por su presente, imagina que a través del dinero se liberará de un yugo, recibirá amor y reconocimiento o finalmente podrá controlar la vida de otros. Podrá demostrar que sí pudo.

Como puedes observar ambas proyecciones van acompañadas de intenciones, que es lo que no es tan sencillo de identificar; sin embargo, lo será si fundamentas el acto creativo de visualizar en la poderosa pregunta: ¿Para qué quiero experimentar esto? Y recuerda que la sinceridad contigo será la llave para abrir de par en par las puertas de la plenitud. Recuerda que tus resultados siempre son de la misma frecuencia que la emoción que los originó.

3. **Asumir el compromiso de decir siempre la verdad.** ¿Alguna vez te has preguntado qué es lo que te ha llevado a mentir en algunas ocasiones, a no expresar lo que verdaderamente piensas y sientes o a hacerlo de forma discordante: violenta o irónica?. La mentira quiere decir que como ser creador que eres, "creaste" una realidad que no te gusta, que te avergüenza, que amenaza algo que amas, que pone en riesgo algo valioso para ti, por lo tanto eliges encubrirla con una creación "plástica", o sea una mentira

o eliges no expresar tu verdad más profunda. El centro laríngeo o centro del habla es el punto en el que se unen creador y criatura para expresarse y manifestar una realidad. Ojalá fuéramos conscientes del poder que ejerces en tu centro laríngeo y del impacto energético que se infringe en él, cuando no estás dispuesto a vivir dicho poder creativo en coherencia perfecta: lo que piensas, sientes, dices y haces.

Existen teorías que postulan que las afectaciones a la glándula tiroides se producen por vivir en el estado de consciencia de la mentira, la inexpresión de mi verdad profunda o por una expresión violenta y discordante. No habrá intuición, vidente, ni mago si este centro energético no está alineado y las experiencias que se viven desde este estado de consciencia afectan los demás centros energéticos y como consecuencia al organismo.

Parece que todas las evidencias mostradas por Masaru Emoto, Bill Tiller, Joe Dispenza, Bruce Lipton entre otros exploradores no son aún suficientes para que reconozcamos que cuando pensamos, sentimos y expresamos algo " nos volvemos eso" a nivel energético, molecular y por lo tanto, físico.

Jamás te avergüences ni de ti, ni de tus experiencias, ni de lo que piensas o sientes. Aprende a expresar de forma respetuosa y armónica tu verdad más profunda o ¿acaso te da miedo lo que pueda ocurrir si lo haces? Asúmelo, pues el costo de no hacerlo en el mediano o largo plazo será aún mayor, en tus relaciones y probablemente en tu salud. Nadie nos dijo que desarrollar la consciencia fuera fácil, no es un camino que todo el mundo pueda tomar.

La vergüenza o la culpa ayudan a definir límites, pero son las emociones que mayor poder personal te quitan. Cuando identificas que te falta voluntad para realizar los cambios que anhelas, es muy efectivo comenzar por aquí: expresar lo que piensas y sientes, al menos contigo mismo.

4. Cantar, tararear, practicar mantras, hacer decretos. Estos son los recursos del sendero del vidente que te permiten liberar la mente y el centro laríngeo, elevar tu frecuencia energética, impactar en la bioquímica de tu cuerpo y propiciar cambios muy favorables para tu realidad. Cuando realices de forma disciplinada este tipo de prácticas observarás que tienes la capacidad de influir en tu estado emocional y lograr una comunicación fluida. Esta práctica te facilitará la alineación entre lo que piensas, sientes y dices. Cuando identifiques que es el ego el que tiene el control de tu experiencia, esta práctica es un gran recurso para cambiar de estado emocional y por lo tanto, de consciencia.

5. Orar por los demás. Un vidente reconoce la ley de la proyección: todo lo que ocurre en su mundo externo, llama su atención y tiene un impacto en su estado emocional es un reflejo de si mismo. Por lo tanto, un vidente se permite, al alinear sus pensamientos, emociones y palabras emitir energía de alta frecuencia que pueda ser usada por el entorno para propiciar cambios armónicos. Pues sabe que todo aquello que haga por los demás, lo está haciendo por sí mismo. Esta práctica te permitirá desarrollar la consciencia de que eres parte del todo. Y si eres parte del todo, entonces también eres el TODO, por lo tanto tu poder creativo es ilimitado.

6. Periódicamente dedicar tiempo para revisar los objetivos. Un vidente reconoce los distintos planos de la existencia, por lo tanto, es consciente de que toda realidad física siempre tiene su origen en el plano sutil. Las personas y organizaciones más exitosas, toman con mucha seriedad la práctica de generar visiones que inspiren a su entorno, son capaces de traducirlas en objetivos y de comunicarlas con claridad, a través de los

elemento Tierra y Agua, pero las visiones perteneces al elemento aire. Es así cómo este método es un ciclo y no un camino lineal.

7. Periódicamente elegir un día para estar a solas con la naturaleza. Existen ya varios estudios que fundamentan los beneficios a la salud que produce el contacto con la naturaleza. Intuitivamente todos acudimos al mar, al campo, al bosque, a la nieve o a las montañas para trascender el estrés y recuperar la paz: cargar baterías. Sin embargo, en el sendero del vidente la naturaleza es la fuente de inspiración, la sanación y la sabiduría. Un vidente sabe que un árbol en realidad es un ser cósmico que en el plano físico vemos con esa forma, cuyo propósito es experimentar el servicio incondicional a la vida en el planeta, desde la producción de oxígeno y el cobijo refrescante de su sombra, hasta la transferencia de información ancestral y de otros planos, que le puede permitir enriquecer su experiencia. Un vidente es consciente del poder alquímico de la tierra, al ser capaz de producir vida, por lo tanto no hay mayor acto de regeneración y nutrición que entregarnos al descanso en la arena, césped o incluso el lodo; el vidente reconoce la fuente inagotable de vida y transferencia de información que hay en el agua, por lo tanto la cuida y la honra como si se tratara de oro. Reconoce que cada especie animal manifiesta alguna cualidad de la Fuente de Creación Superior, por lo tanto al contemplar dichas cualidades las incorpora a su ser.

8. Observar las cosas que te inspiran a diario. El vidente es capaz de reconocer la experiencia física como un regalo y una oportunidad invaluable, por lo tanto se permite contemplar su existencia y los elementos que la rodean. Al contemplar en plena gratitud el vidente alimenta su poder para convertirse en mago y alquimista.

El elemento Aire o Código del Vidente en la personalidad.

• Las personas que tienen más desarrollado este estado de consciencia se desplazan por la vida desde la flexibilidad y sutileza. Su caminar puede ser pausado, cambiante y su mirada, quizá perdida. Van conectados con el mundo de las ideas, como los pintores, escritores o poetas. Seguramente no te saludaran en el pasillo o la plaza. No lo tomes personal.

• Se atreven a soñar, son los creadores de las nuevas visiones y posibilidades.

• Se reinventan permanentemente, a través de nuevos aprendizajes o caminos de exploración.

• Buscan la mejora continua.

• Son personas creativas.

• Asumen riesgos.

• Son capaces de aprender de forma

intuitiva: obtener un conocimiento o respuesta desde su mundo interno.

• Se adaptan al cambio.

• Aprenden del error y lo transforman en experiencia.

• Escuchan su voz interna.

• Aprenden a reconocer la individualidad como componente del todo, por lo tanto son conscientes del impacto de sus decisiones en su persona, su familia, empresa, entorno.

• Proponen soluciones sustentables (de corto, mediano y largo plazo), en armonía con el entorno.

• Honran y cuidan la naturaleza.

Cuando este estado de consciencia se desarrolla de forma exacerbada:

• Pueden perder piso, vivir con la consciencia en otro plano. Son las personas que se vuelven "soñadores", pero carecen del impulso para la manifestación de lo que sueñan.

- Viven cambiando permanentemente sin consolidar un logro y eso puede producir frustración en ellos y en las personas que los rodean.

- Quieren cambiar todo, sin agradecer o reconocer lo que ya existe y funciona.

- Al aprender por ensayo y error tienden a desperdiciar los recursos o vivir riesgos innecesarios.

Cuando definitivamente no se ha desarrollado:

- Se vive en el estancamiento, la rutina y el materialismo.

- Se carece de intuición, lo cual también afecta la adecuada toma de decisiones.

- Se comenten permanentemente los mismos errores.

- Resistencia y falta de adaptación al cambio.

- Se juzga todo aquello que se desconoce o es distinto a su sistema de creencias.

- No se desarrolla un criterio personal, autoevaluación o capacidad reflexiva. Así es como surgen los seguidores, discípulos o lacayos que no se permiten desarrollar la madurez para tomar sus propias decisiones.

- Quieren cambiar a los demás y al entorno, pero no se abren a la posibilidad de cambiar de forma personal.

Sugerencias terapéuticas o prácticas para desarrollar el estado de consciencia del Aire.

- Realizar prácticas que nos permitan tener contacto con la naturaleza.

- Todas las prácticas que desarrollan los elementos anteriores y que nos permitan silenciar la mente y las emociones.

- Actividades artísticas.

- Practicar las metodologías que incentiven la creatividad y la solución de problemas de forma colaborativa.

- Investigar sobre temas que no tengan que ver con nuestra especialidad o gustos cotidianos.

- Viajar.

- Explorar e incorporar lo que más nos sirva o nos llame la atención de otras culturas y nos permita desarrollar una mirada sistémica y universal.

CONCLUSIÓN:
EL CENTRO DEL LABERINTO

Hemos cerrado el ciclo de los Cuatro Elementos. Ahora corresponde que te respondas: ¿Cuál es el elemento predominante en ti?. ¿Cuál es el que tienes que fortalecer?

Te sugiero usar este modelo para todos los dominios de tu vida. Activa el poder de los cuatro elementos en tu casa, no sólo a través de símbolos sino a través de la impecabilidad y el orden del elemento Tierra; lo que convertirá tu casa en lugar al que más te guste llegar, pues ahí se puede vivir la armonía, la flexibilidad y la capacidad de sanar nuestras emociones a través del elemento Agua. ¡Qué fantástico sería que cuando tuviéramos un reto o una situación que nos lastime sean nuestro hogar el lugar al que elegimos ir para sanar! Vive el entusiasmo del elemento Fuego a través de la practicidad y funcionalidad. Mueve la energía evitando mantener lo que ya no funciona, no usas y podrías compartir. Evita que haya descomposturas, fugas o deterioro. Incorpora en tu entorno todo lo que más te inspire, además del misticismo del elemento Aire. Sin duda, los espacios acompañados de elementos de la naturaleza activarán los cuatro estados de consciencia. Dicen algunas teorías de desarrollo humano que en tu casa se encuentra la proyección de la relación con tu madre, el vínculo materno tiene un impacto psíquico en la salud, en la capacidad de mantener relaciones armónicas y la abundancia. Por lo tanto, activar el ciclo de los Cuatro Elementos en tu hogar estás dando un gran paso para lograr equilibrio y desarrollo de consciencia.

Llevar este modelo a la vida profesional, en alineación con tu conocimiento y talentos, te facilitará el logro de resultados, con equilibrio de vida, con calidad de relaciones y te abrirá puertas al aprendizaje, mejora continua e innovación. Este es el rol de un verdadero estratega o profesional de cualquier especialidad.

Ahora te invito a definir o fortalecer la declaración de tu Propósito: ¿Qué es lo que más amas hacer, que te permitirá compartir beneficios con tu entorno-. Diseña hasta dónde quieres llegar, no importa si se trata de un plan a corto plazo, para iniciar. Define objetivos específicos o decisiones que te acercarían a cumplirlo. Identifica las emociones predominantes en ti y diseña tu plan de prácticas de los cuatro elementos para transformarlas en acción, aprendizaje y armonía. Cuando no sepas qué hacer selecciona una acción asociada a cada elemento para que te vayas acercando a tu equilibrio.

¿Hasta dónde te puede llevar la práctica de esta filosofía de vida? Retomando el primer símbolo que te mostré: El Laberinto de

Chartres, en mi experiencia, te llevará hacia el centro. Quizá te lleve aún más lejos, sin embargo, el centro es la experiencia que me encuentro experimentando en este momento de mi vida, por lo tanto, estoy por descubrirlo.

¿Qué significa llegar al Centro?

- Reconoces que tu vida sólo depende de ti, no de empresas, gobiernos, instituciones o estímulos externos.

- Has dejado de señalar o buscar culpables ante lo que crees que son tus obstáculos.

- Identificas tu responsabilidad o co-responsabilidad en cada acontecimiento que se presenta en tu vida y eres capaz de capitalizarlo como aprendizaje.

- Has logrado identificar tus talentos y has activado la seguridad necesaria para usarlos a tu favor y ponerlos al servicio de los demás.

- Confías que serás capaz de vivir armónicamente cualquier reto que la vida te presente.

- Eres capaz de respetar tus ciclos, los de otras personas y los de la naturaleza.

- Logras propiciar en ti las emociones que tú eliges, de acuerdo a tu propósito.

- Has dejado de fundamentar tus decisiones en las opiniones y expectativas del entorno. Lo que eliges es por amor.

- Te has convertido en tu mejor compañía.

- Disfrutas al máximo la profesión, oficio o actividad que has elegido.

- Eres capaz de sentir amor por tu trabajo y sus beneficiarios.

- Has desarrollado la habilidad de comunicar con respeto todo lo que piensas y sientes.

- Manifiestas ideas creativas para enriquecer tu propósito.

- Te permites escuchar tu voz interna, anticipas riesgos o decisiones a tu favor.

- Has logrado desarrollar el gusto por el silencio y has aprendido a interactuar con tu espíritu.

¿Qué pasa en la segunda mitad del Laberinto?

Esa te corresponde diseñarla, pues se trata ya de la vivencia total de tu misión de vida, en su fase creativa y armónica. Se trata de manifestar las experiencias que te permitan vivir en libertad en todos los aspectos, a despertar capacidades que hoy aún tenemos dormidas: el logro de la salud permanente hasta el despertar de la consciencia de inmortalidad, aunque te parezca insólito.

Como puedes observar, aún nos falta un buen recorrido, pero seguiremos explorando.

¿Será todo miel sobre hojuelas? Sinceramente no creo, en este plano de existencia opera la

Ley de la Resistencia. Recuerda que siempre habrá algo que tratará de anclarte al pasado. Habrá personas a las que les incomode, moleste o les resulte incomprensible tu cambio de consciencia; podría ocurrir que tus seres más amados se transformen en tu mayor resistencia externa. Habrá situaciones a través de las cuales se te active la tentación de volver a lo que algún día para ti fue conocido.

Algunas enseñanzas ancestrales nos muestran que cada siete años se activa para cada persona un nuevo reto de aprendizaje y evolución, resurgirán aspectos de tu subconsciente que quedaron sin resolver. Que no te extrañe si surgen en tu vida experiencias que te hagan creer que no has avanzado nada.

Al igual que en todos los tiempos habrá personas con un menor recorrido que el tuyo, que aun experimentan desde de la inconsciencia causando dolor en el entorno.

Probablemente sigan existiendo los conflictos, las guerras, las crisis. Sin embargo, llegar a un estado de equilibrio interno es una victoria que nada ni nadie te puede quitar.

Espero que este libro te haya servido para conocerte más y abrir tu **mente** al infinito mundo de posibilidades que tienes para ser feliz.

Deseo que te haya permitido reconocer el origen de algunos de los resultados que has tenido hasta este momento.

Ojalá te hayas permitido abrir tu **corazón** para amarte más, amar tu origen y lograr la paz que produce ordenar tu mundo interno.

Quisiera que también abras tu **voluntad** y seas firme en la aplicación de todas las prácticas que te permitirán manifestar armonía en tu vida y la libertad en todos los sentidos.

Gracias por aceptar mi compañía en esta lectura. Ojalá que hayas obtenido respuestas y te hayas hecho más preguntas.

Que este contenido te incentive a profundizar en el conocimiento de ti, que no dejes de explorar en los confines de tu consciencia y que cada vez disfrutes más del viaje.

Ahora te corresponde a ti dejar escrito en el Libro de la Vida que tuviste la voluntad de recorrer el Laberinto del Alma, para recordar, amar tu origen y lograr tu victoria de evolución.

Hasta la próxima lectura.

Con amor y gratitud

Rosa Elena.

ACERCA DE LA AUTORA

Rosy Zamora es una exploradora incansable de la consciencia humana. Mexicana, tapatía, queretana y poblana. Estudió la Licenciatura en Ciencias de la Comunicación, una Maestría en Educación, una Especialización en Psicología Transpersonal y cuenta con certificaciones de *coaching* con diversos enfoques. Su preparación le ha permitido dedicarse a la capacitación y consultoría en empresas de diversos giros. Hoy es directora de su propia empresa de capacitación, desarrollo organizacional, humano y tecnológico: SG&K Group, S.A. de C.V. Es conductora del programa Espíritu Creativo que se transmite por internet de forma semanal. En este libro comparte la guía de la metodología que ella ha utilizado para lograr sus objetivos y acompañar a muchas personas en la superación de sus límites, desde hace más de una década.

www.sgykgroup.com.mx

www.ingramcontent.com/pod-product-compliance
Lightning Source LLC
Chambersburg PA
CBHW070113260726
48658CB00001B/94